精品课程新形态教材
21世纪应用型人才培养系列教材
新时代创新型人才培养精品教材

精品

U0736289

现代港口物流管理

XIANDAI GANGKOU WULIU GUANLI

主　编　马征宇　唐凤范　陈林玉
副主编　喻澜迪　龙丽羽　张　童

中国海洋大学出版社
CHINA OCEAN UNIVERSITY PRESS
·青岛·

图书在版编目（CIP）数据

现代港口物流管理／马征宇，唐凤范，陈林玉主编．
青岛：中国海洋大学出版社，2024.7.
ISBN 978-7-5670-3916-2

Ⅰ．U695.2

中国国家版本馆 CIP 数据核字第 20242GA164 号

出版发行	中国海洋大学出版社
社　　址	青岛市香港东路 23 号　　　　邮政编码　266071
出 版 人	刘文菁
网　　址	http://pub.ouc.edu.cn
电子信箱	2880524430@qq.com
订购电话	010-82477073（传真）　　　电　　话　0532-85902349
责任编辑	王积庆
印　　制	涿州汇美亿浓印刷有限公司
版　　次	2024 年 7 月第 1 版
印　　次	2024 年 7 月第 1 次印刷
成品尺寸	185 mm×260 mm
印　　张	11.5
字　　数	260 千
印　　数	1—10000
定　　价	38.00 元

前　言

21世纪是被世界各国所公认的海洋世纪。在经济全球化背景下，各国间的生产要素流动及对外贸易蓬勃发展。而港口，特别是作为全球交通运输枢纽的国际性港口，在发挥其全球物流链枢纽性节点作用的同时，其组织外贸的战略作用也日益增强，正在成为强化区域经济竞争优势、促进区域整合、带动区域发展的重要因素之一。

党的二十大报告提出，要"发展海洋经济，保护海洋生态环境，加快建设海洋强国。"港口是推动国家"海洋强国"战略实施的支点，也是经济社会发展的战略资源和重要支撑。在二十大精神的指引下，我国港口事业蓬勃发展。在全球港口集装箱吞吐量排名前十的港口中，中国独占七席。上海港集装箱吞吐量更是实现十二连冠，宁波舟山港、深圳港的集装箱吞吐量也是连续多年位居前列。蒸蒸日上的港口航运业，大力推动了我国由"海洋大国"向"海洋强国"的转变，更是有力地保障了我国社会经济的飞速发展，使我国成为世界第二大经济体和世界第一大货物贸易国。

乘着海洋经济及港口航运事业的发展浪潮，国内许多港口城市的院校将现代港口物流管理相关的专业知识及技能作为其现代物流管理专业人才培养的重要目标之一，旨在培养高素质技术技能型的港口物流人才。本书以项目为导向，任务为驱动，真实模拟了三位物流管理专业应届毕业生在港口不同岗位上的工作情景，以此来展现港口物流管理相关业务操作及流程，包括港口基础知识介绍，如认识港口及港口物流、认识世界及我国主要的港口；也包括港口物流管理业务介绍，如港口装卸机械及工艺流程设计、港口生产及调度计划管理、港口理货业务、港口库场管理。

本书的主要编写特点有如下几个方面：

1. 任务驱动，情景教学。本书以三位物流管理专业生在港口不同岗位上的工作情景为线索，通过任务导入引出相关知识讲解，引起学生的共鸣，激发学生的学习兴趣。

2. 明确目标，突出技能。本书的每个项目教学都制定了明确的知识目标及能力目标，通过课前任务导入、课中课堂活动、课后实训任务及习题训练等多种方式，强化实践教学及训练，有意识、有取舍的合理精简理论，突出实践。

3. 创新培养，能力养成。本书设有多个开放性的实训项目及训练，旨在培养学生自主学习、发散思维、解决问题的能力及素养。

本书在编写过程中，为了能向读者全面展现港口物流管理业务知识，紧跟行业发展步伐，参考了大量的图书、图片资料，特向这些作者表示由衷的感谢！由于编者水平有限，书中如有不足、不当之处，敬请读者批评指正！

编　者

目录 CONTENTS

目录 CONTENTS

目录 CONTENTS

目录 CONTENTS

项目一

港口与港口物流

学习目标

一、知识目标

1. 掌握港口的概念、分类、构成及发展
2. 了解我国及世界主要港口
3. 掌握港口物流的概念、特征、构成、发展及作用

二、能力目标

1. 能识别港口各组成部分
2. 会辨析港口与港口物流的区别与联系

三、素养目标

1. 培养学生的爱国主义精神，增强民族荣誉感
2. 培养学生的国际化视野，强化港口国际化意识

思维导图

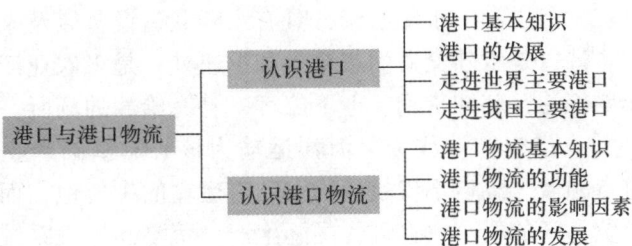

港口与港口物流
- 认识港口
  - 港口基本知识
  - 港口的发展
  - 走进世界主要港口
  - 走进我国主要港口
- 认识港口物流
  - 港口物流基本知识
  - 港口物流的功能
  - 港口物流的影响因素
  - 港口物流的发展

任务一 认识港口

任务引入

赵一、王二、李三是 B 市某高校物流管理专业的应届毕业生。今天是他们三个入职 B 港的第一天，结果他们三个在港区内迷了路。赵一是码头理货员，要去码头找刘师傅；王二是堆场管理员，要去堆场找廖师傅；李三是港口调度员，要去调度室找张师傅。这几个地方对他们来说都太陌生了，他们只好找来港口平面图好好研究一番。你能在图 1-1 港口平面图上标出他们要找的地方吗？

图 1-1 港口平面图

▶ 相关知识

1. 港口基本知识

1.1 港口的概念

港口是位于海、江、河、湖、水库沿岸，具有水陆联运设备以及条件以供船舶安全进出和停泊的运输枢纽。港口是水陆交通的集结点和枢纽处，是工农业产品和外贸进出口物资的集散地，也是船舶停泊、装卸货物、上下旅客、补充给养的场所。

21 世纪是海洋世纪，港口产业作为以海洋运输为核心的基础产业已经成为世界各沿海国家竞相发展的重点领域。港口不仅是货物水陆空运输的中转地，而且提供了发展转口贸易、自由港和自由贸易区的机会，在现代国际生产、贸易和运输系统中处于十分重要的战略地位，发挥着日益重要的作用。

1.2　港口的分类

根据不同的分类标准，港口可以分为不同的类型。

1.2.1　按所处位置分

（1）海港。

海港是位于海岸、海湾或潟湖内，也有离开海岸建在深水海面上的港口。位于开敞海面岸边或天然掩护不足的海湾内的港口，通常需修建相当规模的防波堤，如大连港、青岛港、连云港、基隆港、意大利的热那亚港等。供巨型油轮或矿石船靠泊的单点或多点系泊码头和岛式码头属于无掩护的外海海港，如利比亚的卜拉加港、黎巴嫩的西顿港等。潟湖被天然沙嘴完全或部分隔开，开挖运河或拓宽、浚深航道后，可在潟湖岸边建港，如广西北海港。也有完全靠天然掩护的大型海港，如日本东京港、中国香港港、澳大利亚悉尼港等。

图 1-2　海港

（2）河港。

河港是位于天然河流或人工运河上的港口，包括湖泊港和水库港。湖泊港和水库港水面宽阔，有时风浪较大，因此同海港有许多相似处，如往往需修建防波堤等。苏联古比雪夫、齐姆良斯克等大型水库上的港口和中国洪泽湖上的小型港口均属此类。

图 1-3　河港

（3）河口港。

河口港是位于河流入海口或受潮汐影响的河口段内，可兼为海船和河船服务。其一般有大城市作依托，水陆交通便利，内河水道往往深入内地广阔的经济腹地，承担大量的货流量，故世界上许多大港都建在河口附近，如鹿特丹港、伦敦港、纽约港、彼得格勒港、上海港等。河口港的特点是码头设施沿河岸布置，离海不远而又不需建防波堤，如岸线长度不够，可增设挖入式港池。

（4）湖港。

湖港是位于湖泊沿岸或江河入湖口处的港口。一般水位落差不大，水面平稳，水域宽阔，水深较大，是内河、湖泊运输和湖上各种活动的基地。

1.2.2 按用途分

（1）商港。

商港是指以一般商船和客货运输为服务对象的港口，具有停靠船舶、上下客货、供应燃料和修理船舶等所需要的各种设施和条件，是水陆运输的枢纽。

商港的规模大小以吞吐量表示。按装卸货物的种类分，有综合性港口和专业性港口两类。综合性港口系指装卸多种货物的港口；专业性港口为装卸某单一货类的港口。

（2）军港。

军港，军队使用的港口，专供海军舰艇使用的港口，供舰艇停泊、补给、修建、避风和获得战斗、技术、后勤等保障，又称海军基地，具备相应的设备和防御设施。中国早在春秋时期就出现了设施简单的军用港口，1880 年开始，在马尾、旅顺口、威海卫、黄埔等地兴建近代军港，1949 年以后，又建设了一些大型军港。现代军港向疏散、隐蔽和综合方向发展，出现了洞内隐蔽式驻泊设施。大型军港通常同机场和对空、对海火力配系，构成了完整的防御体系。

图1-4 军港

（3）渔港。

渔港是为渔船停泊、鱼货装卸、鱼货保鲜、冷藏加工、修补渔网和渔船生产及生活物资补给而设的港口，是渔船队的基地。

图 1-5　渔港

渔港具有天然或人工的防浪设施，有码头作业线、装卸机械、加工和储存渔产品的工厂（场）、冷藏库和渔船修理厂等，是专供渔船和渔业辅助船停泊、使用的港口。其可用于船舶停靠、锚泊、避风、装卸渔获物和补充渔需及生活物资，并可进行渔获物的冷冻、加工、储运、渔船维修、渔具制造、通信联络以及船员休息、娱乐、医疗等。

（4）避风港。

避风港是一种无装卸设备的港口，其唯一目的是在暴风雨时使船只得到掩护，无商业价值。

图 1-6　避风港

1.2.3　按港口性质分

（1）基本港。

基本港是指班轮运价表中载明的班轮定期或经常靠泊的港口。大多是航线上较大的口岸，货载多而稳定。在计算运费时，只按基本运费率和有关附加费计收，不论是否转船，不收转船附加费或直航附加费。

（2）非基本港。

凡基本港口以外的港口都称为非基本港口。非基本港口一般除按基本港口收费外，还需另外加收转船附加费。达到一定货量时则改为加收直航附加费。

1.2.4　按报关流程分

（1）报关港。

报关港是指要求进港的外国货物和外国人向海关办理报关手续的港口。

（2）自由港。

自由港是指不受海关管辖的港口或港区。在该区域内，外国商品可以自由加工、分装、改装、装卸储存、展览、再出口等，不受海关管制，免征关税。但当商品进入所在国海关管辖区时，则须缴纳关税。自由港可以是有明确边界的港口的一部分或整个港口，还可包括港口所在的城市。设置自由港主要是为了吸引外资，发展加工工业和仓储业，促进对外贸易和转口贸易的发展，创造就业机会，繁荣地区经济。

1.3　港口的组成

港口由水域和陆域两个部分组成。

1.3.1　港口水域

港口水域是指港界线以内的水域面积。它一般须满足两个基本要求：即船舶能安全地进出港口和靠离码头；能稳定地进行停泊和装卸作业。港口水域主要包括港池、进出港航道、船舶掉头水域、锚地以及助航标志等几部分。

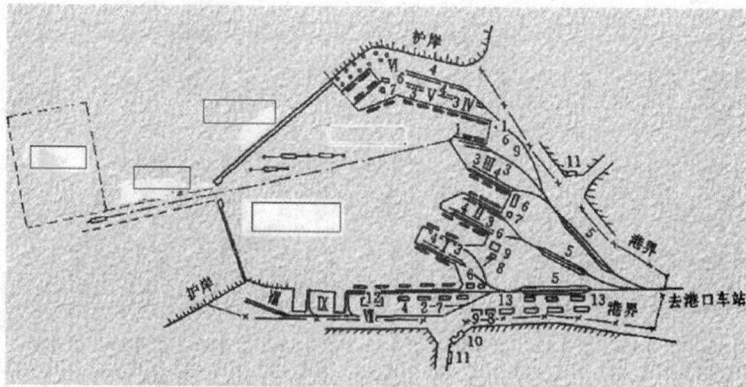

图1-7　港口水域

（1）港池。

港池是指码头前供船舶靠离以及进行装卸作业的水域。码头前水域内要求风浪小，水流稳定，具有一定的水深和宽度，能满足船舶靠离装卸作业的要求。

（2）进出港航道。

航道是指船舶进出港的通道。为保证安全通航，必须有足够的水深与宽度，弯曲度不能过大。为了避免搁浅而造成船舶和生命财产损失与环境污染，船舶航行时必须在龙骨基线以下保持足够的水深。

图 1-8　港池

图 1-9　进出港航道

（3）船舶掉头水域。

又称回旋水域。船舶在靠离码头、进出港口需要转头或改换航向时而专设的水域。其大小与船舶尺度、转头方式、水流和风速风向有关。船舶凭借拖轮协助进行转头时，旋转内接圆直径一般为最大船舶总长度。

（4）锚地。

锚地是供船舶抛锚候潮、等待泊位、避风、办理进出口手续、接受船舶检查或过驳装卸等停泊的水域。它一般须满足两个基本要求：船舶能安全地进出港口和靠离码头；能稳定地进行停泊和装卸作业。

图 1-10　锚地

（5）助航标志。

助航标志，简称航标，是指标示航道方向、界限与碍航物的标志，也叫信号浮标。其包括过河标、沿岸标、导标、过渡导标、首尾导标、侧面标、左右通航标、示位标、泛滥标和桥涵标等。

图 1-11　助航标志

1.3.2　港口陆域

港口陆域是指港界线以内的陆域面积，一般包括装箱作业地带和辅助作业地带两部分，并包括一定的预留发展地。装卸作业地带布置有仓库、货场、铁路、道路、站场、通道等设施；辅助作业地带布置有车库、工具房、变（配）电站、机具修理厂、作业区办公室、消防站等设施。

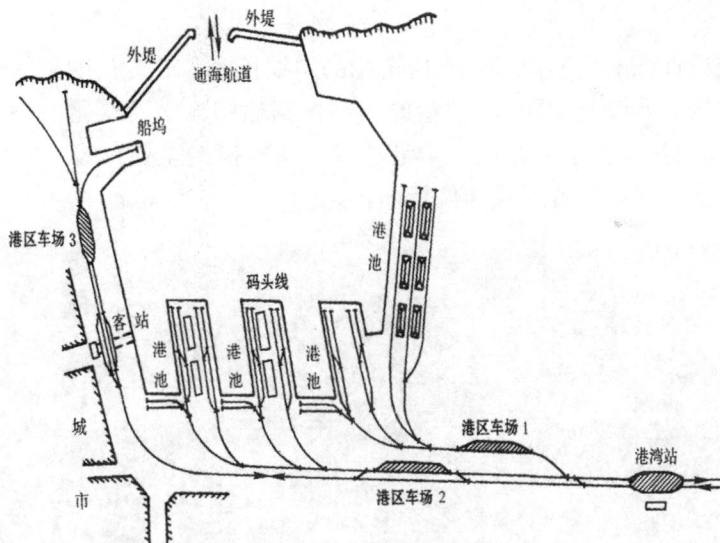

图 1-12 港口陆域

1）码头和泊位

（1）码头。

码头是指供船舶停靠、装卸货物和上下游客的水工建筑物，是港口的主要组成部分。按码头的平面布置分有顺岸式、突堤式、墩式等。墩式码头又分为与岸用引桥联系的孤立墩或与联桥联系的连续墩；突堤码头又分窄突堤（突堤是一个整体结构）和宽突堤。按断面形式分有直立式、斜坡式、半直立式和半斜坡式。按结构形式分有重力式、板桩式、高桩式、斜坡式、墩柱式和浮码头式等。按用途分为一般件杂货码头、专用码头（渔码头、油码头、煤码头、矿石码头、集装箱码头等）、客运码头、供港内工作船使用的工作船码头以及为修船和造船工作而专设的修船码头、舾装码头。

图 1-13 码头

（2）泊位。

泊位指一艘设计标准船型停靠码头所占用的岸线长度。泊位长度一般包括船舶的长度以及船与船之间的必要安全间隔 d。d 值的大小根据船舶大小而变化，一个万吨级泊位为 15~20m。泊位的数量与大小是衡量一个港口或码头规模的重要标志。一座码头可能由一个或几个泊位组成，视其布置形式和位置而定。

图 1-14　泊位

2）仓库和堆场

（1）仓库。

港区仓库是专供进出港口的货物临时或短期存放保管的建筑物。它是港口的重要组成部分，其主要作用是便利货物储存、集运，加速车、船周转，提高港口通过能力，保证货运质量。为了流动机械、车辆能在库内作业、通行，其建筑结构要求跨度大、净空高、库门宽。按存放货物的种类分为件货仓库、散货仓库、危险品仓库及冷藏库等；按其位置分为前方仓库和后方仓库；按其特点分为专用仓库、通用仓库、单层仓库与多层仓库等。

图 1-15　仓库

（2）堆场。

在港内堆存货物用的露天场地，也称货场。它的性质和作用与仓库相同。凡不需进库的货物一般在货场存放。货场有件杂货场和散杂货场两类。件杂货场一般都需要进行铺砌，所用材料视货物种类和装卸设备类型而异，有混凝土、沥青混凝土、块石、碎石等多种。根据场地所在位置，也有前、后方货场之分。场地要有一定的坡度，便于排水；要留有通道，便于车辆和装卸机械通行和消防。

图 1-16　堆场

3）道路和铁路

（1）港区道路。

港内通行各种流动机械、运输车辆和人行的道路。港区道路联系码头、仓库、货场、前后方之间和港内与港外之间的交通，为减少行车干扰，便利消防，港区道路一般布置成环行系统。在主要装卸区和车辆、机械行驶较多的地区，路面多铺设混凝土和沥青混凝土。

（2）港口铁路。

在港口范围内专为港口货物装卸、转运的铁路线路及设备。一般由港口车站、港区车场、码头线和库场货物线等组成。在作业量不很大、距路网上编组站较近时，港口车站可与之合并；如作业量较小，车流性质较单纯时，港口专用线可直接与路网上的编组站或其他车站相连接。

图 1-17　港口铁路

4）港口机械

港口机械包括港口装卸和运输机械两类港口装卸机械是完成港口货物装卸的重要手段，用于完成船舶与车辆的装卸、货物的堆码、拆垛与转运等。港口流动的装卸机械有较大型的轮胎起重机、履带式起重机、浮式起重机和各种装卸搬运机械，如叉式装卸车、单斗车、牵引车等；固定装卸机械有门座起重机、岸边起重机、集装箱起重机和各种连续输送机械，如带式输送机、斗式提升机、气力输送机、螺旋输送机和油气管道等。

图1-18　港口装卸机械

5）港口生产辅助设施

为维护港口的正常生产秩序，保证各项工作得以顺利进行，港口还需要在陆域上配备一些辅助设施，如给排水系统，输电、配电系统，燃料供应站，工作船基地，各种办公用房，维修工程队，船舶修理站等设施。

► 课堂活动1

请在图1-19上标出港口水域的各组成部分。

图1-19　港口平面图

2. 港口的发展

2.1　港口的形成与发展历史

港口是水上运输的起点与终点，是最大量货物的集结点；随着海上运输的发展，港口也逐渐发展起来。

2.1.1　早期海上运输与港口发展

（1）公元前 7000 年—公元前 900 年。

伴随着国际贸易发展而发展的海上运输，是在近代从国际贸易中分离出来，并受国际贸易和航海技术的影响和制约。

历史资料证明，公元前 7000 年在地中海地区已有繁荣的航运。那时的港口只不过是在河流、湖泊区域，选择岸坡合适、水流缓慢、避风条件好、水面静稳之处，可以靠系船舶；海港更需要利用天然隐蔽的海湾或河口辟为港口，便于系泊船舶，这样，船舶可以躲避风浪，等待有利的风向和天气。当时，由于船舶的尺度小，吃水量也很小，数量也不多，同时客、货运量不大，因此，对装卸速度的要求并不是很高。

随着奴隶制诞生而伴生的国际贸易，其主要商品是奴隶和奢侈品，因而当时贸易中心的地理分布都在强大的奴隶制国家都市及其殖民地。在西方首先是腓尼基和迦太基，然后转到古希腊和古罗马，贸易中心一直在地中海沿岸。古代腓尼基的疆域，由于其地处两巴和地中海的世界海陆要冲上，非常有利于发展商业和航海活动。公元前 3000 年出现了腓尼基的城市国家。腓尼基人是古代出色的商业民族，他们经营木材、酒、染料等，而且大量贩卖奴隶。腓尼基人在地中海东海岸、萨丁岛和西西里岛，非洲北海岸建造了最古老的港口（季尔港和西顿港）。

迦太基是公元前 900 年腓尼基在北非沿岸建立的殖民地，当时也成了地中海沿岸地区的贸易中心。与此同时，在尼罗河三角洲产生了阿—乌尔海港，以后在该地建立了亚历山大港。在古希腊时代，海上运输及港口建设得到了很大的发展（克诺索斯港和麦萨腊港）。

图 1-20　古希腊时期的海上货运图

（2）公元 1 世纪前后。

随着经济的发展，人们开始扩大交通和贸易。公元 1 世纪前后，罗马帝国征服地中海沿岸之后，势力抵达红海与波斯湾，便以亚历山大港为基地，积极开拓对东方的海上贸易。罗马商船大举进入印度洋，据说在奥古斯都时代，每年有 120 艘商船从红海起航，前往印度，采购东方各国商品。而中国汉朝则早已在公元前 2 世纪就已经开辟了对印度的海上交通航线，到公元 1 世纪，汉朝商人更是频频抵达南印度。几乎与此同时，南亚的文明古国印度也在加强在海外，尤其在东南亚的商业扩张。从 1 世纪开始，印度商人大批向东方航行，来到东南亚和中国。中国、罗马和印度三大势力在印度洋的汇合，使东西方海上交通和贸易空前繁忙起来。

在罗马帝国时期建造的安季乌姆港，图姆—采利港，证明了罗马人具有高度的技术文化和工程艺术，这里首先建成垂直断面的防护建筑物。而按照总体布置，这些港口与现代港口相似。

（3）文艺复兴时期。

文艺复兴时代，随着贸易和航运的高度发展，在荷兰、意大利、西班牙、英国等地建造了港口。

（4）15 世纪—17 世纪。

15 世纪，航海技术和造船业已有很大的发展。海上运输随着造船业的发展、罗盘仪的改造和应用、航海技术的进步以及海上贸易的发展，作为运输业的一种形式出现。沿海城市成为新的贸易中心。当时，中国处于明朝时期，贸易中心已转到了广州、泉州、杭州等地。1405 年中国明朝的郑和七次下西洋，遍访了亚非 30 多个国家，航行最远处已达赤道以南东非的索马里和肯尼亚，携带大量金银、绸缎、瓷器等换回香料、象牙和宝石。每次出航，其船舶之多，船身之长，载人之众，在当时均属空前。

从 15 世纪开始，地中海沿岸一些城市已出现了资本主义生产的萌芽，南欧一些国家的手工业及商业贸易有了相当程度的发展，商人们渴望扩充海外市场，以获取更多的财富。1492 年意大利人哥伦布发现了美洲新大陆。1519 年，葡萄牙航海家麦哲伦率领 5 艘船、265 名船员，实现了人类历史上首次环球航行。上述几次探险，统称"地理大发现"。这样，从欧洲绕过非洲或绕过南美洲到达亚洲的新的东西方贸易航路终于开辟出来了。地理大发现后，大大开拓了欧洲市场，国际贸易范围从地中海、北海、波罗的海扩展到大西洋、美洲、印度、中国和南亚群岛。当时，欧洲一面输出铁、毛织品、麻织品，一面从东方输入生丝、丝织品、棉织品、橡胶、茶叶；从美洲输入砂糖、烟草等，东方和美洲成了欧洲的贸易市场。

总之，在 15～17 世纪，由于新大陆的发现和攫取殖民地而急剧发展的贸易和航运，导致必须建立大型港口。随着船舶数量的增加和规模的扩大，海港逐渐发展起来了。

2.1.2　近、现代世界海上运输

（1）19 世纪时期。

19 世纪，海上运输有了很大发展。1807 年世界上诞生了第一艘蒸汽船，给古老的海运业注入了新的活力。资本主义国家的早期工业大多沿通航水道设厂，使得当时水运的发

展对工业布局有很大的影响。同时，由于国际贸易地理条件的限制（远隔重洋），加上海运运量大、成本低，国际贸易量的三分之二是通过海上运输的。

（2）20世纪时期。

20世纪的两次世界大战以及发生的重大海难，加速了科技前进的步伐，其中对海上运输起到重要作用的有：从无线通信到人造卫星通信，发展到全球海难安全系统；船舶设计制造也在大型化、高速化方面有很大进步，几十万吨的油船、散货船，每小时几十海里航速的快速客船，正在世界各地航行。

第二次世界大战以后，世界经济逐步向一体化过渡，客观上工业、农业、原料、加工业等在不同国家、不同地区形成一定程度的专业分工，国际间的客货交流从数量上不断增加。其中海洋运输是世界国际货物运输的主要方式。20世纪80年代初，世界国际海运量在国际货运总量中约占82%，按货运周转量计算则占94%。世界海运船舶保有量从1950年的8500万总吨增加到1973年的3.5亿总吨。同时，港口实现现了代化。

从世界港口发展历程来看，港口主要伴随着航运的发展而发展。一般将世界港口的发展划分为三个阶段。

第一阶段是18世纪以前，当时的港口仅是作为从事船舶装卸活动的场所。

第二阶段是从18世纪末至20世纪中叶，港口的功能已扩展到贸易领域和转口功能，即港口不再是为船舶从事装卸活动的场所，而且港口也是贸易活动的领地，为转口贸易提供便利条件。

第三阶段开始于20世纪50~60年代，伴随着工业技术革命，港口工业迅速兴起，出口加工工业、自由贸易工业不断借助港口优势在港区内建设起来，将港口与城市发展、港口与出口加工工业等有机地结合起来，使港口成为集疏运中心、贸易中心、金融中心和工业中心为一体的综合性准政府区域。港口采取完全商业化的发展态势，逐渐发展成为国际贸易的运输中心与物流平台，主要业务范围从货物装卸、仓储和船舶靠泊服务，到货物的加工、换装及与船舶有关的工商业服务，扩大到货物从码头到港口后方陆域的配送一体化服务。港口逐步成为统一的，集输运与贸易一体化的经济共同体。

2.1.3 中国海上运输港口的形成与发展

（1）早期中国海上运输业及港口发展。

中国海上运输历史悠久，早在春秋战国时期，吴国和越国间就已有战船，水上运输已十分频繁，港口应运而生。当时，有渤海沿岸的碣石港（今秦皇岛港）。战国初期古人利用指南针在海上辨别方向，后来经阿拉伯传到西方，对世界航海技术的发展作出了重要贡献。

汉代的广州港以及徐闻、合浦港，已与国外有频繁的海上通商活动。

唐代时设有"市舶司"，管理对外贸易并向往来的商船征税。长江沿岸的扬州港，兼有海港与河港的特征。在唐朝已是相当发达的国际贸易港。

宋代设有"船舶司"，专门管理船舶制造等事务。广州、泉州、杭州、明州（今宁波）是宋代4大海港。

明代，郑和率领庞大船队7下西洋，到达30多个国家，足迹遍及南洋各国和非洲，最远到达非洲东海岸，这一壮举比欧洲航海史要早几个世纪。后来，为防止倭寇入侵，施行了海禁政策。

清政府维持了海禁政策，1757年关闭了除广州以外的所有港口，严格管制对外贸易和往来中国的船只，禁止与外国通商。

图1-21 清朝时期的广州港

（2）近、现代中国海上运输业及港口概况。

19世纪初，世界资本主义正处于上升时期。英国等老牌资本主义国家以炮舰为前驱，以商船作工具，在世界范围内狂热地寻找市场，扩大殖民地。幅员辽阔、物产丰饶的中国成为他们进行海盗式殖民掠夺的重要目标。当时，广州是中国唯一对外开放口岸，经广州海关登记的外国商船逐年增加。但英国商人很快感到贸易形势对他们相当不利，他们没有什么东西来换取中国的货物，仅靠从印度运来数额有限的白银、棉花，难以抵消从中国大量购买茶叶、生丝所需的货款，英国的对华贸易出现了巨额逆差。

于是，英国开始大规模向中国倾销鸦片。1842年第一次鸦片战争之后，帝国主义列强长期垄断了中国的海上运输。

在西方列强的武力胁迫下，清政府不得不结束长期以来的广州一口通商的局面，开始开放沿海主要港口，这一开放进程持续了几十年，使沿海海关和港口完全被外国人所控制，内河航行权丧失殆尽。此外，各地为了发展贸易的需要，也自行开放了一些港口。这样，在中国沿海、沿江（长江）和沿边（边疆地带），便形成一批对外开放的商埠。到20世纪20年代，在当地设立海关并在中国海关总税务司署的海关贸易报告年报上辟有分关报告的开放商埠，已达到四十余个。港口开放大多是在外力的强迫下实现的，是中国丧权辱国的一个体现，然而它也在客观上促使着中国各区域的现代化和经济外向化。无论是沿海沿江还是沿边的开放商埠，在各区域的经济发展中都占有一定的地位，然而比较重要的仍是分布在沿海沿江的港口。自北向南，主要有东北的安东（今丹东）、大连、牛庄（今海城市西部），华北的天津、烟台、青岛，华中的上海、宁波、温州，华南的福州、厦门、汕头、广州、梧州，台湾的淡水、打狗（今高雄）以及当时英国统治下的香港和葡萄牙统治下的澳门。位于长江上游的重庆，中游的汉口、九江，下游的芜湖、南京、镇江等港，也是重要的开放港口。沿海港口是中国和国外以及中国沿海各地区之间发展交通与贸易联系的主要枢纽。一方面，各港口城市通过密切的海上联系，形成繁荣的埠际贸易，中国的南北区域以及沿海与内地的物资交流更加频繁。另一方面，中国的出口物资通过这些港口输往世界各国，各国的进口物资通过这些港口输入中国。

中华人民共和国成立时，中国海上运输特别是远洋运输处于空白，海上运输没有自己的船队。面对帝国主义的封锁，中国的海上运输在十分艰难的条件下进行。

中华人民共和国成立初期，港口淤浅、码头失修，几乎处于瘫痪状态，全国（除中国台湾省）仅有万吨级泊位60个，码头岸线总长仅2万多米，年总吞吐量只有500多万吨，多数港口处于原始状态，装卸靠人抬肩扛。

20世纪60年代，中国开始有计划的发展航运业并积极恢复港口。50多年来，中国的航运业取得了巨大的成就。目前，中国国际海运船队拥有船舶2500多艘，3700多万载重吨，居世界海运总运力的第五位。海洋运输的基地是海港，中国海洋运输业的发展是与沿海港口的快速发展分不开的。与此同时，港口随着水运的恢复和发展，也进入繁荣阶段。从新中国成立后，港口发展先后经历了5个不同的时期：

中国港口建设的第一个发展时期是中华人民共和国成立初期的20世纪50年代~70年代初。由于帝国主义的海上封锁，加上经济发展以内地为主，交通运输主要依靠铁路，海运事业发展缓慢。这一阶段港口的发展主要以技术改造、恢复利用为主。

中国港口建设的第二个发展时期是20世纪70年代。随着中国对外关系的发展，对外贸易迅速扩大，外贸海运量猛增，沿海港口货物通过能力不足，周恩来总理于1973年初发出了"三年改变港口面貌"的号召，开始了第一次建港高潮。

中国港口建设的第三个发展时期是20世纪70年代末~80年代。中国经济发展进入一个新的历史时期，中国政府在"六五"（1981~1985年）计划中将港口列为国民经济建设的重点。港口建设进入第二次建设高潮。

中国港口建设的第四个发展时期是20世纪80年代末~90年代。随着改革开放政策的推行以及国际航运市场的发展变化，中国开始注重泊位深水化、专业化建设。初步形成了一个比较完整的水运营运、管理、建设和科研体系。中国港口建设的第五个发展时期是20世纪90年代末~21世纪初。贸易自由化和国际运输一体化、现代信息技术及网络技术伴随着经济全球化的高速发展，使现代物流业在全球范围内迅速成长为一个充满生机活力并具有无限潜力和发展空间的新兴产业。现代化的港口不再是一个简单的货物交换场所，而是国际物流链上的一个重要环节。为适应中国加入WTO后和现代物流发展的需要，在激烈的竞争中立于不败之地，中国各大港口都在积极开展港口发展战略研究，全面提升港口等级。

经过5次大规模的港口建设，目前，在全国初步建成了布局合理、层次分明、功能齐全、河海兼顾、内外开放的港口体系。中国港口无论是在规模上，还是在专业程度和管理水平上，都迈上了新的台阶。

2.2　港口的发展趋势

目前，世界港口行业已经发展到了非常发达，运量适合经济发展速度，功能适合货物运输种类，布局适合货物集疏运便利，吨位适合船舶吃水要求的港口工业体系。港口的建设技术与岸线及地质特点相匹配，港口工艺与操作特点相结合，成为世界经济交流不可或缺的环节。下一步的发展趋势是港口的专业化，泊位的大型化，航道的深水化，作业的自动化，控制的集中化，理货的信息化，服务的延伸化，物流的一票化，内陆无水化，军民融合化等。

3. 走进世界主要港口

3.1 欧洲地区的主要港口

几个世纪前，欧洲人把他们的船舶航行到世界各地，这促进了当时世界经济的发展。但是现在它们已经从世界上十个最繁忙的港口中消失了，但是载欧洲仍然可见它们忙碌的身影。

（1）鹿特丹。

鹿特丹港（Port of Rotterdam）是欧洲基本港，也是欧洲第一大港，全球最重要的物流中心之一。鹿特丹港位于莱茵河与马斯河交汇处，是通往欧洲的天然门户。其港区面积为10 556公顷，其中工业用地面积为5257公顷，基础设施和水域面积5299公顷。港口长度40千米，码头长度89千米，总泊位656个，航道最大水深22米，是500多条航线的船籍港或停靠港，通往全球1000多个港口，货运量占荷兰全国的78%。它是欧洲地区最大的原油、石油产品、谷物等散装货转运地，同时又是世界第六大集装箱转运港口，并拥有世界上最先进的ECT集装箱码头。

19世纪80年代曾是世界上第一大港口，在2010年为世界第10。2020年全球航运中心城市综合实力前10位的城市中，鹿特丹位列第6位。

图1-22　荷兰鹿特丹港ECT码头

（2）安特卫普。

安特卫普港（Port of Antwerp），是欧洲基本港，也是欧洲第二大港口，比利时最大的海港，位于安特卫普市的北侧，在斯凯尔特河下游，距河口68~89千米。它始建于13世纪，1460年成为欧洲第一个商业城市，并为欧洲北部的商业和交通中心。目前，已发展为欧洲第二大港，也是世界著名的亿吨港之一。它是比利时第二大工业中心，主要工业有炼油、化学、汽车、钢铁、有色冶炼、机械、造船等。也是国际钻石的重要贸易地。

2000 年以来该港年货物吞吐量均超过 1.3 亿吨，2002 年集装箱吞吐量 478 万，居世界集装箱港口第 10 位。主要进口货物为容物、磷灰石、矿砂、石油、木材、煤，主要出口货物为钢铁、机械、铁路设备、水泥、焦炭、化工制品等。

安特卫普港与中国的海运关系也很密切。中国远洋公司自 1963 年就开始靠泊安特卫普港。中国远洋运输公司、中国海运集团和中国—波兰轮船股份公司都周期性挂靠安特卫普港。每周有大量的集装箱班轮连接安特卫普和中国。中远航运公司的永盛号轮于 2013 年 9 月 12 日经过北极航行到安特卫普港。近年来，与中国大陆的运输量增长迅速，2015 年达 1313 万多吨（不包括经香港或其他中国大陆以外的港口中转的货物），比上年增长 39.58%。2015 年与中国的集装箱运输量达到 1086 万吨，增长 46.18%，按照标准箱计算，2015 年与中国大陆的集装箱运输量达到 1 066 640 标准箱，增长 39%，其中进口集装箱量达 484 800 标准箱，增长 93.21%。中国与比利时之间的主要货物是焦炭、煤炭、钢材、化肥、机械设备和集装箱化货物。2015 年来自中国的钢材进口量达 152 万吨，增长 29%。

（3）汉堡。

汉堡港（Port of Hamburg）位于德国北部易北河下游的右岸，距入海口约 76nmile，濒临黑尔戈兰湾内，是欧洲基本港，也是德国最大的港口，欧洲第二大集装箱港。始建于 1189 年，迄今有 800 多年的历史，已发展成为世界上最大的自由港，在自由港的中心有世界上最大的仓储城，面积达 50 万平方米它有别于其他海港，那就是它位于欧洲共同体，欧洲自由贸易联盟和经互会这个欧洲市场的中心，从而使它成为欧洲最重要的中转海港。它是德国重要的铁路和航空枢纽，市区跨越易北河两岸，市内河道纵横，多桥梁，在易北河底有横越隧道相通。工商业发达，是德国的造船工业中心。

图 1-23 德国汉堡仓库城

汉堡港的地理位置和很好的性能使它成为德国领先的外贸枢纽。作为德国最大的通用港口，汉堡对欧洲国内市场的供应至关重要。其货物装卸设施和数据通信系统的尖端技术，其高效的运输基础设施及其优良的馈线和腹地链路创造了与世界贸易伙伴交换货物的必要条件。港口在汉堡和大都市区的工业供应和废物处理物流中也起着至关重要的作用。汉堡的设施可以清除所有类型的船只，处理几乎所有种类的货物。除了集装箱码头外，还有多个码头，用于装载重型货物、常规货物和工程出货，而其他的码头则处理抓斗、抽吸和液体货物。通用港口每年产生的价值增加了大约 200 亿欧元在全国各地。在德国有超过

260 000个工作岗位与汉堡港有关。

汉堡港务局（HPA）已经制定了在未来几年内将汉堡港发展为智能港的目标。凭借Port River Information System Elbe（简称PRIZE），汉堡港部署了全球独一无二的信息平台。该系统于2014年3月投入使用。PRIZE整理了有关各方产生的有关船舶抵港和离港的所有信息：码头、船舶、船公司、拖轮、系泊服务和港务局。这些信息包括码头泊位的安排和在码头登记的详细信息，船只在Elbe河上从"德国海湾"直至船坞的位置状态信息，以及由联邦海事和水文局（BSH）发布的水位预测等。此外，PRIZE还会生成一个船舶通行概览，其中大型船只之间即将发生的问题都在视觉上被突出显示，并在屏幕上显示对出发或到达时间的更改建议。

3.2 美洲地区的主要港口

1557年葡萄牙人获得明朝批准在澳门居住，而西班牙人于1571年占领了菲律宾的马尼拉，并把它开发成一座国际贸易中转站：这使得西班牙人在美洲开采的白银无须回到欧洲，可以直接从美洲跨太平洋前往亚洲购物。这条新的线路再度改变了世界贸易体系，使得美洲的港口繁荣起来。

3.2.1 北美洲地区的港口

（1）纽约港。

纽约港（Port of New York）又叫纽约和新泽西港，是美国最大的海港，每年处理500万TEU以上。纽约港位于美国东北部哈得孙河河口，东临大西洋。

纽约港是北美洲最繁忙的港口之一，亦为世界天然深水港之一。1980年吞吐量达1.6亿吨，多年来都在1亿吨以上，每年平均有4000多艘船舶进出。由总吨数来看，该港是全美第三大港，也是东岸第一大港。由于纽约位居的大西洋东北岸为全美人口最密集、工商业最发达的区域，又邻近全球最繁忙的大西洋航线，在位置上与欧洲接近；再加上港口条件优越，又以伊利运河连接五大湖区，使得纽约港成为美国最重要的产品集散地，也因此奠定了其成为全球重要航运交通枢纽及欧美交通中心的地位。在纽约的发展史上，纽约港处于最关键的地位。该港不仅为纽约市带来大批的财富及物产，19世纪初及20世纪末时，来自世界各地的移民也透过纽约港进入纽约市，而这些移民及其后代日后都成了纽约市发展的主力。

（2）洛杉矶港。

洛杉矶港（Port of Los Angeles），是美国第二大集装箱港，位于美国西南部加利福尼亚州西南沿海圣佩德罗湾的顶端，濒临太平洋的东侧，是美国第二大城市，也是美国西部最大的城市，常被称为"天使之城"。它是北美大陆桥头堡之一，是横贯美国东西向的主要干线圣菲铁路的西部桥头堡，东部大西洋岸的桥头堡为费城。另一条铁路干线是南太平洋铁路，从洛杉矶开始经过新奥尔良港向东伸直至大西洋岸的杰克逊维尔港。洛杉矶面积约1291平方千米，城市中心坐标为北纬34°03′、西经118°15′，全市拥有约397.6万的人口（2016年）。截至2016年，洛杉矶被划分为洛杉矶县，长滩和河畔县等八个区域。

图 1-24 全球拥堵中心——洛杉矶港

（3）长滩港。

长滩港（Long Beach，简称 LB）又称长堤港，位于美国加利福尼亚州南部，洛杉矶以南 40 千米。长滩港是美国跨太平洋贸易的首要门户，美国第二大最繁忙的集装箱海港，仅次于洛杉矶港，港口每年处理的贸易价值超过 1 940 亿美元，是少数几个可以停靠今天最大型船只的美国港口之一，过去 22 年中的 19 年中长滩港获得"北美最佳海港"称号。

长滩港作为美国第二大最繁忙的集装箱海港，港口每年处理的贸易价值超过 1 940 亿美元，并在全国范围内支持 260 万个与贸易有关的工作岗位，南加州超过 575 000 个。

3.2.2 南美洲地区的港口

（1）布宜诺斯艾利斯。

布宜诺斯艾利斯（Port of Buenos Aires）位于阿根廷东部沿海拉普拉塔河口的西岸，濒临大西洋的西南侧，是阿根廷的最大海港。各港区均有仓库及堆场，其中新港区的谷物仓库容量达 17 万吨，集装箱堆场为 2.5 万平方米，铁路线可直达港区。

（2）里约热内卢。

里约热内卢（Port of Rio De Janeiro）位于巴西东南部大西洋瓜纳巴拉湾西岸，与东岸尼泰罗伊市有公路桥相连，为巴西第二大城市和第二大海港，也是世界三大天然良港之一。它是全国经济文化中心，金融业发达。其港湾腹宽口窄，可泊巨轮，有集装箱码头。输出咖啡、蔗糖、皮革和铁锰矿石等，输入燃料、机器等。里约热内卢也是世界著名的旅游中心。

图 1-25 世界三大良港之一——里约热内卢港

（3）桑托斯。

桑托斯港（Port of Santos）是巴西自由港。全港可同时停靠 50 多艘远洋船，巴西第一大集装箱吞吐港也是世界最大的咖啡输出港，还是玻璃维亚及巴拉圭的中转港。全年平均降雨量约 2000 米。平均潮高：大潮 1.3 米，小潮 0.9 米。

（4）瓦尔帕莱索。

瓦尔帕莱索（Port of Valparaiso）是南美太平洋岸的最大港口。每年 3～5 月有雾，平均潮高：大潮高为 1.5 米，最大潮高为 2 米。本港三面环山，一面临海、港湾开阔、有坚固的防波堤，是天然良港。港总计有 10 个深水泊位，水深都在 9～10.5 米之间，其中有 4 个泊位用于集装箱装卸。

3.3 亚洲地区的主要港口

纵观近代全球港口发展史，经历了一个由西欧向北美再向亚洲推进的演化过程。在亚洲，又经历了从日本向四小龙（新加坡、中国香港、韩国、中国台湾）、再向中国大陆推进的过程。

3.3.1 东亚地区的港口

（1）釜山港。

釜山港（Port of Busan）位于朝鲜半岛东南端，连接太平洋和亚欧大陆。釜山港既是韩国第一大港口，也是世界第六大（以 2020 年为准）货柜港口。釜山港始建于 1876 年，在 20 世纪初由于京釜铁路的通车而迅速发展起来。它是韩国海陆空交通的枢纽，又是金融和商业中心，在韩国的对外贸易中发挥重要作用。其工业仅次于首尔，有纺织、汽车轮胎、石油加工、机械、化工、食品、木材加工、水产品加工、造船和汽车等，其中机械工业尤为发达，而造船、轮胎生产居韩国首位，水产品的出口在出口贸易中占有重要位置。

图 1-26　釜山造船厂

（2）仁川港。

仁川港（Port of Incheon）是韩国第二大港，也是韩国首都首尔的外港，与首尔相距不到 40 千米。仁川港市是韩国最大的经济中心，又是韩国北部进出口贸易中心。

仁川港有着得天独厚的地理优势，一方面，它背靠首都首尔，而首尔地区 GDP 相当于韩国 GDP 总量的 48%。另一方面，仁川港有规模广大的产业经济腹地，主要有炼钢、机械、汽车、造船、化工、电子、车辆制造、金属加工、石油及纺织等，也是英国伦敦金属交易所的东北亚地区中心。仁川港区主要码头总长 6024 米，泊位 33 个，在其对外贸易货物吞吐总量中，亚洲占三分之二。

（3）横滨港。

横滨港（Port of Yokohama），是位于日本神奈川县横滨市的港湾，濒临东京湾岸，与川崎港、东京港构成超级中枢港湾之一的"京滨港"。在港则法上称为京滨港横滨区。港湾管理者为横滨市政府。1859 年 7 月 1 日（旧历安政 6 年 6 月 2 日）开港，有"金港"之美称。横滨港是日本的主要国际贸易港之一（五大港），也是日本三大贸易港之一，2011 年起进一步被日本政府列为国际战略港湾。

（4）东京港。

东京港（Port of Tokyo）是位于日本东京都的一个港湾，是首都圈地区与国内、海外各地运输的节点。东京港是日本国土交通省指定的国际战略港湾和日本三个超级中枢港湾之一的组成部分，通常与横滨港合称为"京滨港"。东京港采用了高科技港口设备，港口包括栈桥在内的码头线总长 23 783 米，各种船舶的泊位总数 181 个，其中集装箱船泊位有14 个。截至 2012 年，东京港是日本最大的货柜处理港口、贸易额则仅次名古屋港名列全国第二，同时也是日本三大旅客港之一。

（5）名古屋。

名古屋港（Port of Nagoya），是横跨日本爱知县名古屋市、东海市、知多市、弥富市、海部郡、飞岛村的一个港湾，是日本最大的国际贸易港口之一。由于著名的丰田汽车公司的总部位于爱知县内，故名古屋港主要的输出产品中有一半以上都与汽车相关。

3.3.2　东南亚地区的港口

（1）新加坡港。

新加坡港（Port of Singapore）位于新加坡岛南部沿海，西临马六甲海峡的东南侧，南临新加坡海峡的北侧，是亚太地区最大的转口港，也是世界最大的集装箱港口之一。

图 1-27　灯火通明的新加坡港

新加坡港是目前世界上第二个最繁忙的港口，运输世界上每年一半的原油供应量，是世界上最繁忙的转运港。数以千计的船只在港口停泊，平均每 12 分钟就有一艘船舶进出。一年之内相当于世界现有货船都在新加坡停泊了一次，所以新加坡有"世界利用率最高的港口"之称。该港每天还有 30 多个国家航空公司的 200 多个航班在新加坡机场频繁起降。新加坡的集装箱吞吐量在 1990 年和 1991 年均超过香港而跃居世界第一位，自 1992 年开始新加坡虽然达到 756 万 TEU，但香港达到 797 万 TEU，被香港夺去首位。截至 2020 年末，新加坡港集装箱吞吐量达 3690 万 TEU，仅次于上海港位居世界第二位。

（2）巴生港。

巴生港（Port of Klang）位于马来西亚首都吉隆坡西南约 40 公里，马六甲海峡之东北岸，东距邻国的新加坡港 211 海里，北距槟城港 191 海里，西距印尼的勿拉湾港 237 海里。巴生港是马来西亚的最大港口，地理位置优越，位于马六甲海峡，是远东至欧洲贸易航线的理想停靠港，因此在航运市场中具有明显的竞争优势。巴生港毗邻设有自由贸易区，其腹地广阔，产业发达，已发展成为区域性的配发中心。

2013 年，巴生港自由贸易区建成，是马来西亚政府着眼于全球穆斯林市场的开发与拓展，创建了一个极具特征的超大型国际自由贸易经济区。根据世界港口 2017 年的排名，巴生港自由贸易区排名第 12 位。

图 1-28   巴生港自由贸易区建成

（3）林查班。

林查班（Port of Laem Charbang）又为兰查邦、兰加镑，泰国集装箱港。林查班港是泰国最大海港，曼谷外港之一，1998 年开始投入商业运营。林查班港位于芭达亚以北 25 千米处，位于春武里市南方。港口占地 2572 英亩（1041 公顷），具备巴拿马型船舶处理能力。林查班港开发始于 1988 年，以促进曼谷以外地区发展并利用泰国湾位置优势，林查班货柜港于 1991 年完工。林查班港于 2020 年处理 754 万 TEU，居世界港口第 20 位。

3.4   非洲的主要港口

百年前，欧洲殖民者正是靠着坚船利炮从沿海港口登陆非洲，开启血腥的"三角贸易"，让非洲进入了黑暗时代。百年后，黑暗时代早已结束，经过当地人民多年努力，非洲已经拥有不少世界级港口，它们在国际航运业具有举足轻重的地位。

（1）开普敦。

开普敦（Port of Capetown）位于南非西南沿海桌湾的南岸入口处，南距好望角52km，濒临大西洋的东南侧。开普敦是南非的金融和工商业中心。主要工业有酿酒、烟草、炼油、化工、皮革、造船及造纸等。交通运输发达，有铁路可直达行政首都比勒陀利亚，公路与国内各地相通接。港口距机场约20千米，每天有航班飞往约翰内斯堡，再连接国外航班。

（2）德班。

德班港（Port of Durban）位于南非东部沿海德班湾的北侧岸，濒临印度洋的西南侧，是南非最大的集装箱港。

该港西北部的奥兰治自由邦和德兰士瓦两个省长达408千米的一条弓形地带是金矿的主要产区，黄金的储量约2万吨，居世界第一位，年产值占南非矿产总值的50%以上。黄金的含金量较低，劳动条件艰苦，成本较高。南非的铂矿储量约2.7万吨，占世界总储量的75%，居世界首位，其次是加拿大和苏联。主要产地在德兰士瓦省中部的波特希特斯特斯地区，其产量占资本主义世界的91%，一般每吨矿石仅含铂4~15克。铂金属是电子设备接点和石油化工不可缺少的催化剂，目前需求日益增多。

（3）亚历山大。

亚历山大港（Port of Alexandria）位于埃及北部沿海尼罗河口，在阿拉伯湾东岸人海处，濒临地中海的东南侧。又名埃尔伊斯坎达里亚，是埃及最大的港口。埃及的第二大城市和亚历山大省的省会。

亚历山大港始建于公元前332年，是古代欧洲与东方贸易的中心和文化交流的枢纽。第2次世界大战后发展迅速，现为著名的棉花市场，也是埃及重要的纺织工业基地。此外，造船、化肥、炼油等工业亦很发达。该港还有古代世界七大奇迹之一的法罗斯灯塔，吸引着各地游客前来观赏。港口的国际机场有定期航班飞往世界各地。

3.5　大洋洲的主要港口

（1）悉尼港。

悉尼港（port of Sydney）位于澳大利亚东南、杰克逊湾内，是全国最大城市、海港和经济、交通、贸易中心。有定期的海空航线联系英、美、新西兰等国，港湾水深，设备良好，港口主码头长18千米，年吞吐量2500多万吨，主要输出羊毛、小麦、面粉、肉类和纺织品等。进口机器、石油等。悉尼是亚太地区主要金融中心，是世界第七大外汇交易市场，其股票交易所，是亚太地区仅次于日本东京的第二大股票交易所。

（2）墨尔本。

墨尔本港（Port of Melbourne）位于澳大利亚的东南维多利亚州波特菲利普湾顶端、亚拉河口，港市之南，临巴斯海峡。墨尔本港是澳大利亚最大的现代化港口，也是澳大利亚东南地区羊毛、肉类、水果及谷物的输出港，也是重要的国际贸易港口，每年处理全国38%的水路集装箱运输。

4. 走进我国主要港口

随着经济的逐步发展，我国形成了五大港口群，自北向南依次聚集在环渤海地区、长江三角洲地区、东南沿海地区、珠江三角洲地区和西南沿海地区。

港口群在发挥装卸货物的运输功能外，还将参与组织各个物流环节业务活动及相互之间的衔接与协调，逐步成为全球国际贸易和运输体系中的物流基地。

4.1 环渤海港口群——区域经济建设 重要支撑

环渤海地区港口群由辽宁、津冀和山东沿海港口群组成，服务于我国北方沿海和内陆地区的社会经济发展。沿线亿吨级大港有大连港、天津港、青岛港、秦皇岛港、日照港，占全国沿海亿吨大港的一半。

（1）辽宁沿海港口群。

以大连东北亚国际航运中心和营口港为主，包括丹东、锦州等港口组成，主要服务于东北三省和内蒙古东部地区。辽宁沿海以大连、营口港为主，布局大型、专业化的石油（特别是原油及其储备）、液化天然气、铁矿石和粮食等大宗散货的中转储运设施，相应布局锦州等港口；以大连港为主布局集装箱干线港，相应布局营口、锦州、丹东等支线或喂给港口；以大连港为主布局陆岛滚装、旅客运输、商品汽车中转储运等设施。

（2）津冀沿海港口群。

以天津北方国际航运中心和秦皇岛港为主，包括唐山、黄骅等港口组成，主要服务于京津、华北及其西向延伸的部分地区。津冀沿海港口以秦皇岛、天津、黄骅、唐山等港口为主布局专业化煤炭装船港；以秦皇岛、天津、唐山等港口为主布局大型、专业化的石油（特别是原油及其储备天然气、铁矿石和粮食等大宗散货的中转储运设施；以天津港为主布局集装箱干线港，相应布局秦皇岛黄骅、唐山港等支线或喂给港口；以天津港为主布局旅客运输及商品汽车中转储运等设施。

图1-29 世界最先进煤炭码头——秦皇岛煤炭作业码头

（3）山东沿海港口群。

以青岛、烟台、日照港为主及威海等港口组成，主要服务于山东半岛及其西向延伸的部分地区。山东沿海以青岛、日照港为主要布局专业化煤炭装船港，相应布局烟台等港口；以青岛日照、烟台港为主，布局大型、专业化的石油（特别是原油及其储备、天然气、铁矿石和粮食等大宗散货的中转储运设施，相应布局威海等港口；以青岛港为主布局集装箱干线港，相应布局烟台、日照、威海等支线或喂给港口；以青岛、烟台、威海港为主，布局陆岛滚装、旅客运输设施。

图1-30 青岛港的"无人码头"

4.2 长三角港口群——全国经济列车的"引擎"

长江三角洲地区港口群依托上海国际航运中心，以上海、宁波、连云港港为主，充分发挥舟山、温州、南京、镇江、南通、苏州等沿海和长江下游港口的作用，服务于长江三角洲以及长江沿线地区的经济社会发展。

图1-31 上海洋山深水港

长江三角洲地区港口群集装箱运输布局以上海、宁波、苏州港为干线港，包括南京、南通、镇江等长江下游港口共同组成的上海国际航运中心集装箱运输系，相应布局连云港、嘉兴、温州、台州等支线和喂给港口；进口石油、天然气接卸中转储运系统以上海、南通、宁波、舟山港为主，相应布局南京等铁矿石中转运输系统以宁波、舟山、连云港港为主，相应布局上海、苏州、南通、镇江、南京等港口；煤炭接卸及转运系统以连云港为主布局煤炭装船港和由该地区公用码头、能源等企业自用码头共同组成；粮食中转储运系统以上海、南通、连云港、舟山和嘉兴等港口组成；以上海、南京等港口布局商品汽车运输系统，以宁波、舟山、温州等港口为主布局陆岛滚装运输系统；以上海港为主布局国内、外旅客中转及邮轮运输设施。根据地区经济发展需要，在连云港港适当布局进口原油接卸设施。

4.3 东南沿海港口群——海西经济建设的突口

东南沿海地区港口群以厦门、福州港为主，包括泉州、莆田、漳州等港口组成，服务于福建省和江西省等内陆省份部分地区的经济社会发展和对台"三通"的需要。

福建沿海地区港口群：煤炭专业化接卸设施布局以沿海大型电厂建设为主；进口石油、天然气接卸储运系统以泉州港为主；集装箱运输系统布局以厦门港为干线港，相应布局福州、泉州、莆田、漳州等支线港；粮食中转储运设施布局由福州、厦门和田等港口组成；布局宁德、福州、厦门、泉州、莆田、漳州等港口的陆岛滚装运输系统；以厦门港为主布局国内、外旅客中转运输设施。

图1-32 厦门港远海码头的5G无人驾驶集装箱卡车

4.4 珠三角港口群——现代物流业发展的"带动器"

珠江三角洲地区港口群：由粤东和珠江三角洲地区港口组成。该地区港口群依托香港经济、贸易、金融、信息和国际航运中心的优势，在巩固香港国际航运中心地位的同时，以广州、深圳、珠海、汕头港为主，相应发展汕尾、惠州、虎门、茂名、阳江等港口，服务于华南、西南部分地区，加强广东省和内陆地区与港澳地区的交流。

该地区煤炭接卸及转运系统由广州等港口的公用码头和电力企业自用码头共同组成；集装箱运输系统以深圳、广州港为干线港，汕头、惠州、虎门、珠海、中山、阳江、茂名等为支线或喂给港组成；进口石油、天然气接卸中转储运系统由广州、深圳、珠海、惠州、茂名、虎门港等港口组成；进口铁矿石中转运输系统以广州、珠海港为主；以广州、深圳港等其他港口组成粮食中转储运系统；以广州港为主布局商品汽车运输系统；以深圳、广州、珠海等港口为主布局国内、外旅客中转及邮轮运输设施。

图 1-33　全球第三大集装箱港——深圳港

4.5　西南沿海港口群——西部崛起的火车头

西南沿海地区港口群由粤西、广西沿海和海南省的港口组成。该地区港口的布局以湛江、防城海口港为主，相应发展北海、钦州、洋浦、八所、三亚等港口，服务于西部地区开发，为海南省扩大与岛外的物资交流提供运输保障。

该地区港口集装箱运输系统布局以湛江、防城、海口及北海、钦州、洋浦、三亚等港口组成集装箱支线或喂给港；进口石油、天然气中转储运系统由湛江、海口、洋浦、广西沿海等港口组成；进出口矿石中转运输系统由湛江、防城和八所等港口组成；由湛江、防城等港口组成的粮食中转储运系统；以湛江、海口、三亚等港口为主布局国内、外旅客中转及邮轮运输设施。

图 1-34　北部湾港钦州自动化集装箱码头正式启用

任务二　认识港口物流

　　赵一、王二、李三根据港口平面图的提示找到了各自的师傅。师傅们分别给他们介绍了各自的岗位职责及要求，但是他们三人心里却犯起了嘀咕：我们学的是物流管理专业，能胜任这些工作吗？请你从港口与物流的相关性角度来分析他们是否能胜任这些工作。

▶ 相关知识

1. 港口物流基本知识

1.1　港口物流的概念

　　港口物流是指中心港口城市利用其自身的口岸优势，以先进的软硬件环境为依托，强化其对港口周边物流活动的辐射能力，突出港口集货、存货、配货特长，以临港产业为基础，以信息技术为支撑，以优化港口资源整合为目标，发展具有涵盖物流产业链所有环节特点的港口综合服务体系。港口物流是特殊形态下的综合物流体系，是作为物流过程中的一个无可替代的重要节点，完成整个供应链物流系统中基本的物流服务和衍生的增值服务。

1.2　港口物流的特点

　　港口物流作为一种服务，由于其物流中心的独特地理位置，其发展有一些自己的特点。

　　（1）港口物流的发展与腹地经济发展状况密切相关。

　　对于港口物流而言，腹地经济的发展水平、规模、交通运输体系以及该地区的人口密度等都会直接影响港口物流的发展。世界上大多数城市都十分重视港口的发展，并制定了以港兴城的发展战略，鼓励和扶持港口的发展，使港城关系更为密切。目前，港口已成为这些城市不可或缺的组成部分。

　　（2）港口物流发展受国家政策和国际环境的影响。

　　港口物流服务除了一般意义上的物流服务，还涉及关检，海上救助和海事法庭等特殊服务。国家政策往往在很大程度上决定了港口物流的发展水平，港口的经济同周边国家与地区有着不可分割的关系，周边国家与地区的经济发展水平、经济体制、开放政策和外交政策等一系列因素都会影响到港口物流的发展。

　　（3）港口物流面临较普遍物流更为激烈的直接竞争。

　　随着国际贸易的迅速发展，航运竞争日趋激烈，船舶大型化、高速化和集装箱化成为不可改变的趋势，港口竞相发展，使得港口物流之间的竞争日益激烈。港口面临的竞争不仅来自邻近港口，还来自具有区域战略地位的国外港口。首先，由于腹地内高速公路、铁路和内河航道运输网络的建设，传统的腹地概念已经打破，物资的流动性、迁移性和蔓延性得到强化。同一区域内或邻近区域内的主要港口对货主和船公司来说已不存在距离上的问题，而主要看各港口物流服务的水平。其次，大的航运企业物流插足港口的竞争。国际上著名的航运大企业一般都是大跨国公司的全球物流承运人和代理人，因此航运企业，尤其是大的国际航运联运选择哪些港口作为其物流分拨基地或作为其物流经过的口岸，对这些港口的兴衰至关重要。

（4）港口物流在国际物流链中居于中心地位。

港口在现代物流发展中，有着诸多独特优势，在综合物流服务链中处于中心的地位。港口以其独特的"大进大出"的集疏运能力和较好的物流网络基础，成为现代物流业的主导和重点。国际贸易中货运量的90%以上靠海运完成，因而港口在整个运输链中总是最大量货物的集结点。港口是水陆两种运输方式衔接的唯一节点，港口的建设和服务水平是整个物流链能否顺畅运转的关键。同时，经济一体化使得港口在所在地经济中的重要性进一步得到加强一各地政府都重视对港口的投资，使得港口一般都拥有比较先进的装卸设备、面积相当的堆场和仓库、先进的生产组织系统、良好的集疏运条件等。这些优势的存在为港口拓展物流服务奠定了良好的硬件基础。

（5）港口物流的发展体现了整个国家物流发展的总水平。

港口由于其独特的地理优势以及比较完备的硬件设施，形成了既有的先天优势。港口汇集了大量的货主、航运企业、代理企业、零售商等，成为物流、人流、技术流、资金流的交汇中心。同腹地物流相比，港口物流的实践者比较容易接触到最先进的技术与管理。先进的技术与管理通过物流链渗透到腹地，进而对腹地物流乃至整个国家物流的发展起到火车头的作用。由此可见，一国港口物流的发展水平很大程度上决定了整个国家物流的发展水平。

（6）港口物流具有集散效应。

围绕港口，因国际货物的装卸和转运产生了装卸公司、船运公司和陆地运输公司；又因船舶的停靠产生了船舶燃料给养供给、船舶修理和海运保险。

2. 港口物流的功能

2.1　现代港口在物流中的地位与作用

（1）现代港口是综合物流供应链的龙头。

现代港口作为物流分拨配送中心，不仅具有储存、分拣、理货、分放、倒装、分装、装卸搬运及加工送货等职能，还负责整个供应链的情报工作。

（2）现代港口是生产要素的最佳结合点。

由于港口运输优势，世界许多最重要的港口都有"前港口，后工厂"的布局设置，许多有实力的企业也选择港口城市作为发展之地，世界重要港口基本上都是重要的工业基地。现代港口有力地推动了区域经济的发展，汇集了极佳的人力、物力和财力，成为区域乃至国际性的商务中心。

（3）现代港口是重要的信息中心。

对国际贸易来说，港口作为国际物流链中的技术节点，是船舶、航海、内陆运输、通信、经济及技术的汇集点。在港口地区落户的有货主、货运代理、船东、船舶代理、商品批发零售、包装公司、陆上运输公司及海关商品检查机构等。现代港口已从纯粹的运输中心，经由配送中心发展为今天的物流中心。随着国际多式联运与全球综合物流服务的发展，现代港口作为全球运输网络的节点，将朝着全方位的增值服务方向发展，成为商品流、资金流、技术流与信息流的汇集中心。

（4）现代港口是综合物流供应链中最大的货物集结。

港口是水陆运输的枢纽，是水运货物的集散地、远洋运输的起点和终点。综合物流不仅在海上形成了枢纽港的分离，而且在陆上形成以港口为端点、以内陆的物流中心为集散点、以不同运输方式的多式联运为运输通道的内陆网络体系。因此，港口也是最大的货物集结点。

2.2　现代港口物流的基本功能

在现代港口物流不断发展的进程中，现代港口物流的基本功能正在从单一的装卸、仓储及运输等活动的基础上逐步拓展和完善，依托现代港口通过其自身区位优势和由此衍生出来的诸多功能，向着效率更高、成本更低、服务更人性化的目标发展。现代港口物流活动的功能主要包括以下九个方面。

（1）运输和中转功能。

运输和中转是港口物流的首要功能。在现代港口物流活动中，运输是构成供应链服务的中心环节。其运输功能主要体现在货物的集、疏、运上，方式包括公路运输、铁路运输、水路运输，以及不同运输方式之间的转运。

（2）装卸搬运功能。

装卸搬运是港口物流实现运输和中转等功能的配套活动。装卸搬运是影响货物流转速度的基本要素之一。专业化的装载、卸载、提升、运送、码垛等装卸搬运机械，可以提高装卸作业效率。

（3）仓储功能。

仓储功能是指转运和库存的功能，具体包括各种运输方式转换的临时库存和为原材料、半成品提供的后勤储存和管理服务。经港口进出口的货物品类繁多，对仓储条件的需求也各不相同，因此港口物流中的仓储设施应齐备才能满足不同货物的要求。

（4）堆场功能。

集装箱堆场是现代港口不可或缺的部分，其服务主要包括备用箱储存管理、提箱及还箱服务、重箱堆存、集装箱货物检查以及拆拼箱等。

（5）配送功能。

港口物流配送是把运输、仓储、装卸、加工、整理、配送及信息服务等方面进行有机结合，形成与港口有关的完整供应链，以期为用户提供多功能、一体化的综合服务。港口物流配送服务应有功能较强的配送系统，同时，由于港口物流的配送范围较广、运输路线长、业务复杂，因此需要配有相应的管理、调度系统。

（6）流通加工功能。

港口流通加工的功能主要目的是方便生产或销售。港口不但需要经常与固定的制造商或分销商进行长期合作，为制造商或分销商完成一定的加工作业，而且必须具备一些基本加工功能，如贴标签、制作并粘贴条形码等。

（7）信息处理功能。

信息处理已经成为港口进行物流运作必不可少的功能之一。港口物流要对大量的、不同种类的、不同客户的、不同流向的货物进行管理、仓储、加工及配送，需要有很强的信息处理能力。港口物流通过利用港口优势的信息资源和通信设施以及电子数据交换网络，为用户提供市场与决策信息，其中主要包括物流信息处理、贸易信息处理、金融信息处理和政务信息处理等。港口信息化程度越高，港口物流的效率越高。

（8）保税性质的口岸功能。

保税性质的口岸功能是在港口区域或港口部分区域实现保税区的功能，并设有海关、检验检疫等监管机构，为客户提供方便的通关验放服务。

（9）其他服务功能。

港口物流还应具备其他一些辅助功能，如接待船舶，船舶技术供应，燃料、淡水及一切船用必需品、船员的食品供应，集装箱的冲洗，引航，航次修理，天气恶劣时船舶的停靠以及对海难的救助功能等。

随着港口物流的不断发展，其功能日益广泛。港口物流服务在不断地以港口为中心向内陆扩展，为客户提供方便的商业和金融服务等综合服务，朝着提供全方位的增值服务方向发展。

3. 港口物流的影响因素

3.1 地理环境与自然环境条件

港口的地理环境和自然环境包括港口的地理位置和港口的自然条件。港口的地理位置（自然地理、经济地理、交通地理、政治军事位置等）往往决定了港口在国家政治、军事和国民经济中的地位，对港口产生持久、连续、并带有质的影响；自然条件包括港口所在区域的地质、水文、气候、水域面积、航道水深等，自然条件决定了港口的开发价值和规模，影响着港口的本质属性，这些自然条件在港口规划、建设、生产经营方面时时刻刻影响着港口的生存和发展。

3.2 社会经济基础条件

港口腹地经济状况是港口物流形成的决定性条件。经济腹地的资源、工业基础、农业发展状况、外贸等制剂影响着港口物流结构、物流规模；港口所依托城市的状况也会产生同样的影响，是否有大城市和城市群为依托是促进港口物流发展的重要因素；腹地交通条件是港口物流得以形成和发展的关键要素，成为港口的生命线；整个社会的科技和生产力水平影响和决定了港口的规模、性质、发展水平；历史和文化要素也处处影响着港口物流的发展。这些因素决定着港口物流的形成，并影响着区域内部的物流业发展水平。

3.3　港口的基础设施设备条件

港口的基础设施设备条件是港口进行物流处理的物质基础，基础设施设备包括港口锚地、港池、防波堤、护岸、航道、导航设施、码头岸线长度、泊位吨级、数量、库场面积和容量，装卸和运输机械、动力设备、供电、供水、通信设备、港作船舶、港内铁路和道路等，这些要素体现着港口现实综合生产能力，影响着港口的未来发展，是港口存在的物质基础。完善的港口设施可以快速处理货物，提高港口工作效率，其完善程度影响着港口发展的规模，决定着港口在周围港口体系中的地位和经济腹地的范围，也就决定了港口以后的发展方向，并且这也是与国际港口接轨的重要基础。

3.4　周围港口体系竞争状况

港口在海运和港口群体中的地位，直接影响着一个港口的兴衰和发展，港口物流量的大小与周围港口的体系状况有很大的关系。周围港口众多，必然造成港口之间的物流量竞争，并且各个港口的吞吐量和规模也决定了在港口体系中的物流量竞争份额。平行发展的港口体系例如环渤海地区港口体系可以使各港口在物流量之间存在大约固定并相差无几的百分比，极化发展的港口体系如长江三角洲地区港口体系造成了以枢纽港为中心，其他港口成为喂给港或支线港，枢纽港占了物流量的绝大部分比例，而其他港口份额较少，造成各个港口物流发展的不平衡。

3.5　港口的管理与综合服务水平

同港口物流的硬环境相比，港口的软环境条件在港口物流的形成上也有不可忽视的作用。港口的管理主要包括港口管理体制、法规、信息化（EDI 系统和条形码技术等）。综合服务指港口的海关、卫检、商检、海事、船检、边防、医院、海事法庭、贸易、货代、船代、银行、修造船能力、海上救助、外轮供应、娱乐和生活服务设施等内容，这些要素集中体现着港口的综合管理服务能力、现实水平，影响着港口的投资和发展环境。全国范围甚至全球范围内的港口竞争已经从原来的自然环境、基础设施的竞争转移到了港口的综合服务水平的竞争上，而港口物流本身就是一种服务，班轮和货船、集装箱船队会首先考虑港口管理水平和软环境状况，以达到挂靠港时间短、服务质量高等要求。

3.6　国家政策和国际环境

国家经济政策的倾斜往往在很大程度上决定了港口物流的发展水平，国家政治政策也同样影响着港口的发展，如厦门港由于大陆和台湾的关系变化，其发展有起有落。港口往往是一个国家对外开放的窗口，是国家外贸的主要经由之路。港口的经济来往是全国性的和全球性的，与世界上其他港口有着紧密地经济贸易，所以港口物流量的很大一部分来自其他国家尤其是周边国家，周边国家的经济发展水平、经济体制（市场经济和计划经济）、开放政策、国内政治秩序、外交政策等一系列都会影响着与邻国的经济来往与规模，所以周围国家的经济环境和政治环境也会对港口物流量的大小产生直接的影响。

4. 港口物流的发展

4.1　港口物流的形成与发展过程

港口物流活动是伴随着港口经济的发展，依托贸易的发展和技术的进步而逐步形成的。其发展大体经历了以下三个阶段。

（1）20 世纪 50 年代以前。

整个世界的经济是建立在重工业的基础上的，世界工业资源分布及生产在全球的不均衡，决定了港口的主要功能在于集散大宗的散货（金属矿石、煤炭等）与液体货物（原油及相关产品等）。货物运输的特点是小批量、大运量，对其他相关服务的要求较低，因而整个物流活动的集成尚未形成。随着高新技术产业的崛起，传统的重工业在全球经济中的地位日渐衰落。

（2）20 世纪 50 年代到 70 年代。

全球海运三大货物中的散货及液体货物在经历了从 20 世纪 50 年代到 70 年代的较快增长之后，出现了停滞。与此同时，生产的全球化促使成品及半成品的全球运输需求增加，集装箱运输出现，传统运输活动的服务质量和效率大大提高，运输与装卸、存储、搬运以及信息流通活动的集成也逐步形成。

（3）20 世纪 80 年代至今。

全球经济一体化步伐的加快，现代科学技术的发展及网络经济的崛起，对运输提出了更高的要求，要求以满足客户的需求为出发点，进行从起点到终点的原材料、中间产品过程库存、最后产品和相关信息有效流动和储存的全程服务，港口的功能从单一货运生产到综合物流汇集，从传统货流发展到商流、金融流、技术流及信息流的全面大流通，运输方式也从车船换装发展到联合运输、联合经营，实现了从传统装卸工艺到以国际集装箱多式联运为主要特征的现代运输方式的转变，使港口物流活动真正成熟地发展起来。

现代物流业的发展促进了港口物流业的形成。随着世界经济全球化、贸易自由化和国际运输市场一体化的形成，尤其是随着现代物流的发展，港口不再是仅具有传统的装卸、仓储功能，游离于生产、贸易和运输之外的企业，而是成为经济、贸易发展的催化剂，能对周围地区和腹地产生巨大的辐射功能，推动地区乃至世界经济和贸易的发展。正因如此，现代物流作为一种先进的组织方式和管理技术得到世界各国政府的高度重视，现代物流产业已在全球范围内迅速发展成为一个极具发展空间和潜力的新兴产业。为了充分发挥现代物流供应链重要节点的作用，越来越多的港口正在向现代物流中心发展。现代物流的出现和发展，给了港口发展以想象的空间。

4.2　港口物流的发展趋势

（1）大物流。

经济一体化促使港口物流必须向国际化、规模化、系统化发展，港口物流产业内部通过联合规划与作业形成高度整合的供应链通道关系。

（2）一体化。

依托港口附近的物流园区开展一体化的物流服务，提供货物在港口、海运及其他运输过程中的最佳物流解决方案，包括腹地运输、报关、报验、包装、库存管理、提供金融、保险方面整合服务。

（3）虚拟链。

港口物流必须是建立在港口物流信息平台的基础上的高效虚拟供应链，供应链的任何一环都能达到资源、信息共享，实现总体功能最优化的物流服务目标，依托虚拟链形成援盖全球的虚拟港。

（4）智慧型港口。

智慧型港口是港口建设趋势和发展的方向。以信息物理系统为框架，通过高新技术的创新应用，使物流供给方和需求方沟通融入集疏运一体化系统；极大提升港口及其相关物流园区对信息的综合处理能力和对相关资源的优化配置能力；智能监管、智能服务、自动装卸成为其主要呈现形式，并能为现代物流业提供高安全、高效率和高品质服务的一类新型港口。

（5）柔性化港口。

柔性化港口是指建立在港口服务的准时化、精细化、敏捷化基础之上，适应经济一体化、供应链一体化发展需要，兼容并拓展传统港口服务功能的新一代港口发展模式。具体来看，就是能够根据客户的需求，能及时有效的处理多货种、小批量、多票数、短周期的综合物流活动。

（6）规模化。

整合港口物流资源，运用行业整体优势，高效低成本运作为客户提供柔性化生产、标准化作业流程、先进的管理与信息手段的多元化服务，帮助客户实现规模化和集约化生产。

（7）合作化。

港口从事物流服务是一个庞大的工程，采取合作化的战略联盟方式，加强与港口腹地及国内外港口的联动与合作，建立港口物流战略联盟，才能有效提升其竞争力。

（8）绿色化。

绿色港口物流以绿色观念为指导，建设环境健康、生态保护、资源合理利用、低能耗、低污染的新型港口物流。它将港口资源科学布局，合理利用，把港口发展和资源利用、环境保护有机结合起来，走能源消耗少、环境污染小、增长方式优、规模效应强的可持续发展道路。

（9）集装箱化。

港口现代物流发展水平是我国港口城市综合竞争力发展水平的重要指标之一，而集装箱物流水平是物流现代化的重要标志。所谓集装箱物流，是通过集装箱将装卸、储存、拆并、包装、运输、保管连贯起来，形成贯通全程的物流活动。集装箱物流的巨大优势是通过不同运输手段的有效衔接形成多式联运，以实现"门到门"的物流服务。集装箱物流方式有单独的集装箱水路运输、集装箱公路运输、集装箱铁路运输及集装箱航空货运等方式，也有不同运输方式组合的集装箱联运。随着国际多式联运的发展与综合运输链复杂性的增加，港口作为综合物流中心和全球综合运输网络的节点，其功能也在不断以港口为中心向内陆扩展。

▶ **实训任务一** ┈┈┈┈┈┈┈┈┈┈┈┈┈┈┈┈┈┈┈┈┈┈┈┈┈┈┈┈┈┈┈┈┈┈┈┈┈

1. 结合所学内容，以小组为单位讨论。

（1）北海港是什么类型的港口？属于第几代港口？

（2）北海港的经济腹地有哪些？

2. 进行网络或实地调研，了解北海港现代物流系统的构成及主要功能。

3. 制作PPT，主要包括北海的基本细信息、港口物流系统的构成及功能，港口物流的发展方向。

4. 每组派一位代表进行课堂汇报交流，时长不超过5分钟。

《课后练习》

一、单选题

1. 青岛港属于哪个港口群（　　　）。
   A. 环渤海　　　　　B. 长三角　　　　　C. 东南沿海　　　　　D. 珠三角
2. 以下港口位于欧洲的是（　　　）。
   A. 纽约　　　　　　B. 鹿特丹　　　　　C. 新加坡　　　　　D. 上海
3. 欧洲第一大港是（　　　）。
   A. 汉堡　　　　　　B. 鹿特丹　　　　　C. 新加坡　　　　　D. 上海
4. 按地理位置分，上海港属于（　　　）。
   A. 海港　　　　　　B. 河港　　　　　　C. 河口港　　　　　D. 湖港
5. 按功能、用途分，上海港属于（　　　）。
   A. 商港　　　　　　B. 渔港　　　　　　C. 工业港　　　　　D. 军港
6. 下列不属于港口陆域设施的是（　　　）。
   A. 仓库　　　　　　B. 铁路、道路　　　C. 码头前沿地带　　D. 锚地
7. 下列属于港口水域设施的是（　　　）。
   A. 仓库　　　　　　B. 铁路、道路　　　C. 码头前沿地带　　D. 锚地
8. 以下不属于港口物流发展趋势的是（　　　）。
   A. 全球化　　　　　B. 一体化　　　　　C. 虚拟链　　　　　D. 大物流
9. （　　　）是把运输、仓储、装卸、加工、整理、配送及信息服务等方面进行有机结合，形成与港口有关的完整供应链，以期为用户提供多功能、一体化的综合服务。
   A. 仓储功能　　　　　　　　　　　B. 运输和中转功能
   C. 装卸搬运功能　　　　　　　　　D. 配送功能

10. 现代港口具有综合物流中心功能，其中（　　）是港口物流的首要功能。

    A. 仓储功能　　　　　　　　　　　　B. 运输和中转功能

    C. 装卸搬运功能　　　　　　　　　　D. 配送功能

二、多选题

1. 以下属于自由港的是（　　）。

    A. 新加坡港　　　　B. 上海港　　　　C. 香港港　　　　D. 悉尼港

2. 以下港口位于东南亚地区的有（　　）。

    A. 新加坡港　　　　B. 迪拜港　　　　C. 巴生港　　　　D. 林查班港

3. 以下港口中，属于长三角港口群的有（　　）。

    A. 上海港　　　　B. 连云港　　　　C. 宁波舟山港　　　　D. 秦皇岛港

4. 以下港口中，属于环渤海港口群的有（　　）。

    A. 青岛港　　　　B. 连云港　　　　C. 宁波舟山港　　　　D. 秦皇岛港

5. 港口货物仓储的特点体现在（　　）等方面。

    A. 主要以集装箱货物存储为主

    B. 集疏港的突击性导致仓储生产忙闲不均

    C. 货物出入库次数频繁，存储期短

    D. 理论仓储量取决于进出口贸易量，而实际仓储量取决于出口贸易量

三、简答题

    1. 请简述港口的分类。

    2. 请简述港口物流的功能。

    3. 请简述港口物流的影响因素。

    4. 请简述港口物流的发展趋势。

四、论述题

    中国五大港口群的形成对我国区域经济的发展与建设有什么作用？

项目二

港口物流的经济关系

学习目标

一、知识目标

1. 了解港口与经济、城市、物流发展的互动关系
2. 掌握影响港口物流发展的因素

二、能力目标

1. 能合理分析港城联动发展案例

三、素养目标

1. 培养学生的财经素养,强化港口经济意识
2. 培养学生的辩证思维能力与创新精神

思维导图

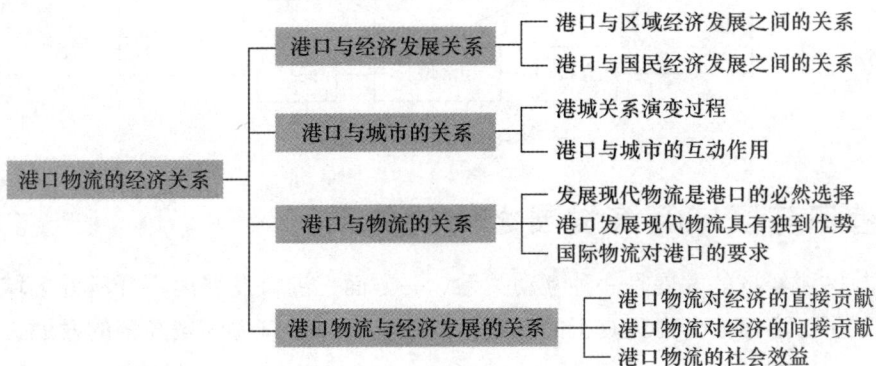

港口物流的经济关系

- 港口与经济发展关系
  - 港口与区域经济发展之间的关系
  - 港口与国民经济发展之间的关系
- 港口与城市的关系
  - 港城关系演变过程
  - 港口与城市的互动作用
- 港口与物流的关系
  - 发展现代物流是港口的必然选择
  - 港口发展现代物流具有独到优势
  - 国际物流对港口的要求
- 港口物流与经济发展的关系
  - 港口物流对经济的直接贡献
  - 港口物流对经济的间接贡献
  - 港口物流的社会效益

任务一　港口与经济发展的关系

任务 引入

赵一，王二，李三在了解自己的岗位职责后，在工作人员的带领下，观看B港的纪录片，深入了解B港的发展历程。在观影结束后，工作人员让他们思考港口与经济之间的关系。请你从港口发展对经济增长的贡献、经济增长对港口发展的反哺作用两个角度帮助他们分析港口和经济之间关系。

▶ 相关知识

作为国民经济发展过程中衍生出来的一种需求产业，交通运输业在国民经济发展中承担着重要的角色，它将社会经济活动中的生产、分配、交换与消费等各个环节有机地结合起来，是保证社会经济活动正常进行的先决条件，是国民经济发展中一个重要的物质生产部门。因此，一个国家交通运输业的发达程度决定了这个国家经济增长的潜力。而港口作为交通运输业的重要分支，由于其自身所具有的经济结构特点，它对国民经济尤其是在内外贸易方面起着重要的支柱作用。港口的服务性特征决定了其必须依靠其他产业的发展而发展，同时，港口又对其他产业的发展有着很大的推动作用。

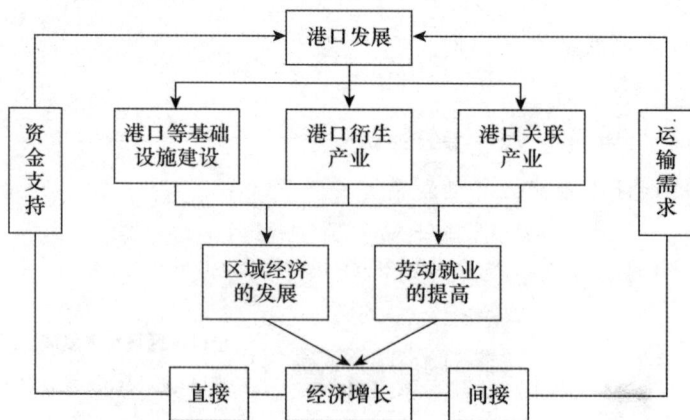

图 2-1　港口的作用

1. 港口与区域经济发展之间的关系

港口与区域经济的发展是一种互动关系。一方面，港口发展离不开所处区域，只有区域经济发展了，港口才会得到真正的发展；另一方面，港口为区域经济的发展提供了原材料和产成品的物流服务，而且港口也是产业集聚的理想场所，区域经济应充分利用港口的优势，促使其经济增长。

1.1 港口是区域对外贸易的门户

随着国际贸易的发展，海上运输发展迅速，港口应运而生。港口为区域经济的对外贸易做出了很大的贡献。在改革开放的进程中，深圳港、珠海港的作用功不可没，为中国的开放经济做出了巨大的贡献，最终形成现在比较发达的珠江三角洲地区，是我国经济最为发达的经济区域之一。因此，港口作为区域对外贸易的门户，在区域经济的发展过程中有着非常重要的作用。

1.2 港口发展带动区域相关产业发展、促进产业集聚、优化产业布局

港口的兴建和发展，促进了与港口经济有关的产业发展，如码头建设、装卸、仓储、港口机械制造、物料供给、船舶修造、航道建设与维护等产业以及为这些产业提供直接或间接服务的行业；由于航运业具有运量大、成本低、污染小等优势，因此港口周边地区往往是大型加工业的基地，发电、钢铁、石化、造纸等大进大出的临港工业也往往选址于港口周边地区。此外，港口的发展也促进了金融、保险、物流等与之配套的服务性行业的迅速发展。

产业都是相关联的，在一些产业搬到港口周边地区之后，与这些产业关联比较紧密的产业也会相应地来到港口周边地区进行生产。港口作为联结两个不同区域的枢纽点，具有良好的条件吸引区域内外先进的技术、资金、人才来港口城市集聚。产业的聚集给区域经济带来了更广泛的市场和进一步的发展。

现代化的港口发展能够有效降低区域经济的运输成本，使区域经济中的交易成本大幅降低，提高区域经济的竞争力，进一步为区域经济创造良好的发展环境。正是由于港口在区域经济中的这些优势，在区域经济中，会有各种资源、各种产业向港口或者周边地区集聚，按照资源和地理优势形成各种产业链条，从而能够很大程度上的优化产业布局。

1.3 港口发展促进区域经济一体化

随着世界经济的快速发展，区域经济一体化成为主流发展方向。区域经济一体化可以实现区域内资源的进一步优化配置，各地区之间可以进行优势互补，互相协作，共同发展，最后能够增加整个区域的竞争力，使区域能够更好更快地向前发展。

港口作为水陆转运的枢纽，可以有效地沟通各个区域，使各个区域进行有效交流，有效配置各个区域之间的资源，在一定程度上促进区域一体化的进一步形成。在我国，有三大经济圈，分别是珠江三角洲经济圈、长江三角洲经济圈、环渤海经济圈，这三大经济圈之间，通过各个经济圈内的港口群进行有效沟通联系，优化资源配置，互相促进，共同发展。同样，这三大经济圈除了内部通过港口进行联系之外，还通过港口对外界进行联系，与全球其他区域进行沟通，实现区域更大范围内的资源有效配置，促进本区域内的产业布局和产业结构优化。

1.4 港口发展有利于区域发展循环经济

循环经济是指在资源投入、生产、消费以及废弃这个过程中，把传统的依靠资源消耗的经济增长模式，转变为生态型资源循环来发展的经济。循环经济强调的是对资源的有效、循环利用，以保护生态环境为原则，实现可持续的发展。

港口、港口周边产业以及临港工业园区在区域经济中占有一定的比重，在国民经济中占有着一定的地位。同时，港口的投资建设需要很大的自然资源。另一方面，一些大宗货物港口运水泥、煤等产品，这些货物的粉末对城市造成一定程度的污染。因此，港口及周边产业应当率先发展循环经济，节约资源消耗，减少环境污染。建立资源节约型的港口，环境友好型的现代化港口，实现港口的可持续发展道路，并以此带动整个区域发展循环经济。

2. 港口与国民经济发展之间的关系

港口和国民经济之间是相互促进的，港口的发展依赖其经济腹地，港口发展促进国民经济繁荣。国家繁荣、贸易频繁，必然为港口提供更多的货源；相反，国家贫穷、贸易量少，必然限制港口的发展。良好的港口发展又可为国家创造更多的收入，使物流更加顺畅，社会资源更加合理地配置；相反会阻碍经济发展，使港口资源浪费。

据统计，我国外贸运输量的 90% 以上是通过港口由海运完成的，所以港口是我国对外贸易的重要门户，推动着国民经济的发展，在整个国民经济发展中的作用也表现得越来越突出，主要体现在以下几个方面。

2.1 驱动作用

港口通过各种水陆路运输方式沟通了国内外之间的产销联系。运输网络相当于分布在国民经济机体的"血管"，港口相当于"心脏"，它的不断"跳动"，驱动了腹地资源的开发，促进了落后地区经济的发展，扩大了原料供应范围和市场规模，推动了社会生产和消费的发展。

2.2 凝聚作用

各个国家资源禀赋的差异客观上带动了国际贸易的发展，港口作为国内外商品的重要集聚地和汇合点，起着连接国内和国外两个市场、汇聚国内和国外两种资源的重要作用。港口为不同生产要素在空间与时间上的结合上提供了可能与方便，使产品在国际市场上取得了巨大的成本优势。如此，利用港口的凝聚作用，就形成了港口工业区或临港工业经济区，这既为国际贸易的发展提供了良好的基础和条件，又推动了港口城市、区域经济乃至整个国民经济的发展。

2.3 保证作用

港口与运输业一样作为社会生产的必要条件，是保证国民经济建设和国内外贸易正常进行的重要环节。在通常情况下，可以说没有运输业就不能进行生产活动，没有港口就难于进行海运贸易。尤其是随着现代化大生产的发展和生产的社会化、世界经济一体化的加强，各地区之间的经济联系与贸易关系更加广泛和密切，这就需要为原料、燃料、半成品、产成品的及时安全地运输、中转、仓储、分拨、加工等提供保证。港口作为海陆运输的连接点，内外联系的窗口与平台，持续不断地为产销双方提供服务，保证了社会生产和产品销售的持续进行。

2.4　辐射作用

港口通过运输网的展开，不仅沟通了国内外的腹地，而且为产、销之间提供了方便的运输条件。几乎所有国家在工业化过程中，都伴随有一个交通运输发展的高潮。所以，一些经济大国往往也是港口大国和航运大国，港口在经济发展过程中起着不可替代的作用。港口还是经济、贸易、市场的信息中心。如何发挥发挥信息的辐射作用，将成为第三代港口经济增长的关键。

2.5　调节作用

港口既是不同运输方式的结合点，也是市场的结合点。在运输系统中，一方面，通过仓储功能调节不同运输方式之间的衔接，另一方面，通过物流分拨，使各种运输方式都能发挥作用。在商贸系统中，港口既是运输市场的所在地，又为商业、贸易提供良好的市场环境。第三代港口都把商品展销、贸易洽谈、商务服务等活动作为港口的新功能。另外，港口担负着商品分拨的任务，发达的现代化港口可以减少车、船及货物在港口的积压，缩短车、船及商品在港时间，减少运力及物资储备，从而减少了车船及商品在流通过程中的数量，大大节省了固定资金和流动奖金。

任务二　港口与城市的关系

任 务　引 入

　　赵一，王二，李三在观看 B 港的纪录片中了解到，40 年前，B 市是个名不见经传的小渔村，随着 B 港的建设与发展，B 市逐渐成为盛名远播的港口城市。可见，一座城市的崛起，往往与港口发展密切相连。请你从港口与城市的关系分析港城一体化发展良性循环格局。

▶ 相关知识

1. 港城关系演变进程

　　港口发展与城市发展密切关联。"建港兴城，城以港兴；港为城用，港以城兴；港城相长，衰荣共济"，正是港城关系的总结。根据港城关系的生命周期理论，可将港口与城市的演化发展历程划分为初始期、成长期、成熟期和后成熟期四个阶段，如图 2-2 所示。

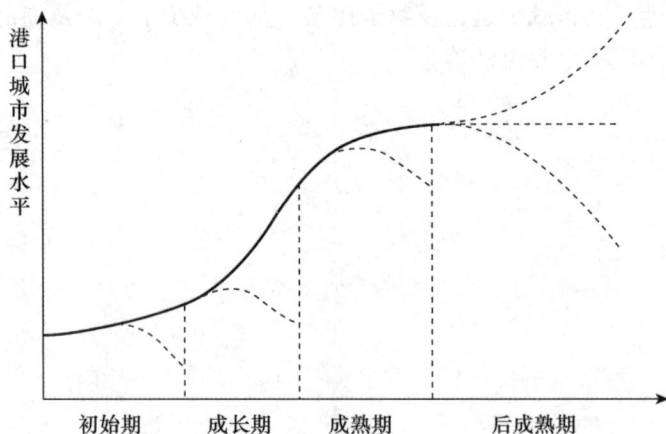

图 2-2　港口与城市关系的演化发展历程

　　（1）初始期。

　　初始期为港城的形成时期，港口的水利之便吸引了人口和贸易活动在港口周边区域的聚集，形成集市、船工共、渔民的休憩区，城市依港而建。港口作为贸易天然的换装枢纽，初级商港的运输中转业务以及商品集散诱发的商贸业构成了这一阶段港口城市最主要的产业形态。随着港口的不断开发，港口这一区域发展优势愈加突出，港口城市逐渐发展成为区域的运输枢纽和贸易口户。港口在城市兴起过程中起到了决定性的作用，其原始积累为港口城市演化进入下一阶段提供了源动力。

（2）成长期。

在两次工业革命的推动下，许多的国家和地区相继进入工业化发展阶段，而港口城市凭借港口的门户作用，利用区位优势及集疏运系统的不断完善下便捷的交通条件，不仅集聚了国内外的生产要素，而且还与国内外市场建立了广泛的联系，对重化工业和加工工业的强大吸引力，使得港口城市的工业，特别是临港工业得到迅速发展，在区域、国际分工中的地位得到提升。这一阶段，港口、工业和城市呈现出"滚雪球"式的相互作用关系，在率先崛起的临港加工业的带动下，对外贸易繁荣发展，城市功能日趋多元化。随着工业化进程的推进，港口城市乃至整个区域工业原材料进口和产成品出口都依赖于港口，港日吞吐量急剧扩大，港口迎来基础设施的建设高潮，港口除运输枢纽功能外逐渐具备工业和商业服务中屯的功能。港口与城市的联系更加紧密，空间上相互融合，开始走向一体化，港城的相互促进作用要大于初始期。城市不再被动地受港口驱动，转而积极地利用港口的集聚效应谋求发展，港口则借助城市的发展不断扩大规模、完善功能，两者在互动中实现共同发展。

（3）成熟期。

成熟期港城的集聚效应愈加突出，经济呈现明显的多元化发展趋势。随着腹地产业的发展，在海陆联运集疏运网络的支持下，港口服务范围逐渐向内陆腹地延伸，物流园区和产业园区临港而建，港城的空间集聚效应吸引大量航运企业、船代、货代、报关代理、贸易、临港工业等港口相关产业及与港口无直接关联的金融、专业服务、科技服务业等服务业在港口城市集聚，城市产业逐步完善。上述产业的集聚带动着就业增长和消费扩大，并最终通过乘数效应带动城市非经济部口发展。港口作为物流和信息流的集结地能够为上述各产业提供优质的配套服务，使得港口城市的经济、贸易化及航运的国际影响力得到提升，大型港口城市逐渐发展成为国际或区域的贸易中心、金融中屯、和航运中屯。城市经济多元化发展的同时，港口功能也由运输、工业、商业服务中屯、向国际生产与流通网络的枢纽转变。

（4）后成熟期。

港口城市进入后成熟期后，原有的港城系统解体，生成新的港城系统，新系统可能会出现再生、停滞、倒退等趋势。随着港口规模的不断扩大，其对城市土地资源的需求越来越大，伴随港口业务的拓展，集疏运对城市交通、废气排放对环境的影响逐渐显现。再生即指港口根据港口城市发展定位的要求，进一步挖掘自身潜能，创造性地完成港口功能转型，寻求港城新的发展途径，港口城市进入新的生命周期，港城系统的能力进一步增强。例如，为适应船舶大型化的发展趋势及解决港日城市土地资源紧缺的问题，港口通过填海造地等方式向外海迁移，城市也随之向外扩展，最终形成港群和城市组团双向网络的空间格局。停滞即指城市的发展不再依靠港口的推动作用，城市完全依靠不断循环、累积的自增长效应继续向前发展。倒退则指由于城市规划失误迫使港口腾出王地让位于城市发展，或其他突发事件导致港口运输能力下降，临港工业和其他因港而生的产业纷纷转移至周边更具竞争力的港口城市，导致港口城市经济实力萎缩，最终该港城系统走向衰亡。

港口城市生命周期演化过程虽然可划分为初始期、成长期、成熟期和后成熟期四个阶段，但整个港日演变过程却包含着复杂的渐变与突变过程。每个发展阶段内都存在港城关系的渐变过程，即当处在某一阶段的港城系统形成了某种固定的发展机制后，港口便固化为一种城市发展的基础力量，港城联系逐渐减弱，处于一种不协同的无序状态，城市的增长点在于港口以外的新生因素。但当系统临近相变点时，港口城市很强的组织性、互适应、相互协作、相互配合，最终在港口的引导下港口城市跨越式地进入下一个发展阶段。

2. 港口与城市的相互作用

港口是城市的重要资源，是多功能的基础设施，是城市工业、商业、金融业及其他服务业发展的重要条件。港口的区位条件决定了城市的形成和发展。城市作为港口的载体，要与港口之间形成有效的关联，才能达到港城互动发展。

2.1 港口对城市作用的主要表现形式

港口作为地理位置的重要类型之一，对我国许多港口城市的形成和发展具有重大的甚至是决定性的影响。港口城市的历史就是一部"城以港兴"的历史。

（1）港口对城市经济发展的影响。

港口城市形成的首要条件包括港口的形成和对外贸易的发展。通过海陆交通网络，港口能在世界范围内集聚各种生产要素，直接参与国际分工和国际贸易。与内陆城市相比，优越的区位、交通，大尺度的集散功能，使市场得到了拓展，同时促进了运输规模经济的实现，刺激产业以及人口纷纷向港口聚集，城市的用地规模不断扩张，城市经济发展迅速。

（2）港口对城市形态扩展的影响。

政治、经济、文化等多种因素共同作用于城市形态并驱动其形成和演变，其中，经济是根本性的决定因素。由一个城市的经济发展而引发的城市人口的增加、基础设施的扩展必然最终促使城市用地不断外延。根据"点—轴"理论，城市是沿交通干线由内向外扩展。而港口作为城市主要的交通方式，其条件决定了港口城市的空间结构及其外部轮廓形态。

城市的扩展、城市形态的演化必须通过港口位置迁移、规模扩展来实现。初期，河口港城市一般布局在交通便利的河口上段。但伴随经济的发展，港口的规模不断扩大，城市用地相应向外延展，城市形态发展为单一集中型。运输技术的革新、大型化船舶的发展加上老港区发展受限，迫使港口向河流下游推移，再从入海口沿海岸推移或向海岛推移，形成河口港、海岸港或海岛港，城市便形成与港口功能相适应的群组城市形态。

（3）港口对城市基础设施建设的影响。

对于以发展港口为中心的港口城市来说，其基础设施建设的资金来源要依托港口及港航产业的发展。产品和劳务的流通使港口城市收入增加，其中一部分收入成为城市政府地财政收入另一部分则用于扩大港口规模和发展临港工业，继续为城市获取更多的收入。同时，城市基础设施的建设又要与港口及港航产业的需求相匹配。各种交通方式与港口相互衔接可以形成集疏运系统，促进港口与广大腹地间的相互联系，是港口赖以存在与发展的主要外部条件。

（4）港口对城市社会发展的影响。

港口及相关产业的发展推动了港口城市社会的发展。首先，港口及相关产业的发展是城市公共事业和财政收入的重要资金来源。其次，港口及相关产业的发展可以创造大量就业机会。港口发展能够提升城市的投资环境，推动了特色社会文化的发展。悠久的对外贸易发展史，使港口城市易于形成浓郁的传统经商意识，以商为业、以商为荣成为人们普遍的价值取向。

2.2 城市对港口作用的主要表达形式

城市是港口正常运转和蓬勃发展的物质基础。城市的管理服务功能、政策机制和良好的文化氛围，为港口发展提供了必需的环境保障，同时，城市的发展又促进了港口功能的提升。

（1）城市对港口发展的要素支持。

港口的发展离不开腹地经济的支持。腹地城市经济规模的扩大，为港口生产带来源源不断的新动力。作为对外开放主要门户的沿海港口，腹地经济的发展对其发展具备更强的促进作用。港口城市是港口的最直接经济腹地，其经济的发展状况在港口货物输出中可以得到体现。随着运输货物种类和数量不断增多，港口运输货物向大宗散货、集装箱专业化方向发展，港口经济效益得到显著提升。

（2）城市对港口发展提供经济、政策支持。

城市的发展为港口发展提供可靠的保障。港口的发展与人力资源、土地、集疏运等硬件设施息息相关，还需要金融和贸易等软件环境的支持。由此可见，港口发展必需的软硬件环境，必须依托于港口城市。此外，港口对外的各种联系都离不开港口城市的组织、协调与服务。一个港口要建设要发展，首先要通过规划来确定港口的地位，明确港口发展的方向，严格按照港口规划来指导港口的建设和发展。港口城市对港口的管理功能主要通过制定各种政策来体现。

（3）城市发展对港口功能的提升。

发展城市经济也会对港口的功能战略、服务范围、生产特点和地位作用产生重要影响。以港口城市为依托，港口逐渐由人流、物流的单一运输功能，拓展为集运输功能、发展物流业、临港工业和现代服务业等港口配套服务业为一体的复合功能，从而逐步形成面向海洋，以信息化、生态化为主的综合流通枢纽和海洋经济基地。

任务三　港口与物流的关系

赵一，王二，李三在观看纪录片后，深深感受到港口的魅力，不仅是对经济发展、城市建设都有着重大的推动作用，而且在现代物流服务链中也具有重要的地位。请你从港口和物流的关系分析如何依托港口发展现代物流业。

▶ 相关知识

随着经济全球化时代的到来，物流在国民经济运行中的重要地位和作用日益显现。港口作为对外开放的窗口和经贸活动的门户，作为多种运输方式的交汇点，已成为国际海陆间物流通道的重要枢纽和结点，在现代物流服务链中具有十分重要的地位，在快速推进现代物流业中愈来愈显示出勃勃生机而倍受世人瞩目。发挥港口得天独厚的优势，依托港口大力发展现代物流业是我国港口实现结构调整，提升港口功能，提高港口经济效益，实现可持续发展的必由之路。

1. 发展现代物流是港口的必然选择

（1）现代港口是全球物流网络的重要环节。

现代化的港口不再是一个简单的货物交换、中转和运输的场所，而是全球物流网络的一个重要环节，港口在现代物流链中具有的这种性质和作用，使得港口的发展方向必然是一个兼备水、公、铁、空、管道多式联运，集运输、仓储、加工、分拨、信息为一体，由多个兼营或专营的物流企业分工合作、有机结合构成的服务整体，具备多项功能。因此，发展现代物流是港口发展的必然选择。

（2）发展现代物流可以提高港口的综合实力。

多式联运和货物门到门运输能力正成为现代港口竞争的焦点。现代港口作为综合物流系统的枢纽，能否最大程度地提高系统运行效率，降低物流成本，使货物进出港更加顺畅、高效，并能得到最有效的监管，成为港口在整个物流系统中地位的决定性因素。发展现代物流正是保证上述目标实现的重要一环，一方面，可以通过提高通关效率来提高港口的运行效率，从而提高港口的竞争力；另一方面，可以实现各种运输方式之间的有效连接，通过与铁路、公路、航空等运输部门的合作，提高多式联运的效率，以此吸引港口所在城市、腹地地区的货源，更好地为港口经济发展服务。

（3）发展现代物流有助于港口功能的进一步完善。

现代经济和贸易的发展，使国际航运从根本上改变单纯依靠低投入实现低成本营运从而获取效益的传统模式，转向通过高投入追求高速度、网络化、大批量运转，在提供优良服务和进一步扩大运输需求的同时，以效率、规模和增值服务来降低单位成本并实现最大综合效益。

（4）发展现代物流有利于"港、腹"双赢。

现在的物流市场，航运公司参与港口建设经营以及港口经营的国际化已是大势所趋。越来越多的国际航运公司和跨国港口集团加入物流行业，从海上航运业务延伸到港口码头、库场和集疏运系统，围绕港口建立物流中心，形成了以港口为核心的物流产业链。港口现代物流业将成为新世纪中国经济发展的重要产业和新的经济增长极之一。以现代港口为龙头，增加其辐射力，大力发展现代物流，与腹地经济发展形成互动、联动，地区与地区，企业与企业，加强结盟，形成双赢，势必对附近地区的相关产业和经济起到积极的带动作用，给国民经济和港口自身带来莫大的益处。

知识拓展

港口腹地

港口腹地，是指活口货物吞吐和旅客集散所及的地区范围。现代化的港口一般具有双向腹地，即面向内陆的陆向腹地和面向海岸的海向腹地。港口与腹地是互相依存、相辅相成的：腹地经济越发达，对外经济联系越频繁，对港口的运输需求也越大，由此推动港口规模扩大和结构演进；港口的发展又为腹地经济发展创造条件，可促使港口腹地范围的进一步扩展。港口和其腹地间的这种相互作用关系，对以港口为中心的区域经济发展具有重要意义。

腹地有直接腹地（单纯腹地）、间接腹地和混合腹地（重叠腹地）之分，直接腹地指一港独有的腹地，该区域内所需水运的货物都经由本港；间接腹地是指间接腹地，指货物中转联运的腹地，即甲地运往丙地的物资通过乙港，但不在乙港进行装卸作业，只在港内进行编组的吞吐量所覆盖的地区；混合腹地指两个或两个以上的港口共同拥有的腹地，即数港吸引范围相互重叠的部分。

表2-1　中国主要港口及其腹地

港口名称	经济腹地
上海港	直接腹地是长江三角洲，间接腹地是整个长江流域，共7省
宁波港	闽浙地区、华中地区
香港港/深圳港	直接腹地是粤港澳地区，间接腹地是泛珠江三角洲，共8省
青岛港	山东省、西北地区
天津港	京津冀地区、西北地区
大连港	东北三省

2. 港口发展现代物流具有独到优势

（1）港口在现代物流中的集散功能。

港口是陆运、水运的联结点，是现代物流网络的重要组成部分，也是水运、陆运、集装箱、散杂货物重要的集散地和加工中心。在物流全过程服务中，港口在运输方式换装与衔接方面有无可替代的地位。目前，远洋运输仍是国际贸易货物流通中最主要的运输方式，与其相连的内陆交通也是现代物流服务中的重要一环，而港口又恰恰处在这个关链点上。因此，港口承担着将远洋与内陆、内河综合运输系统合理衔接的任务，从而实现物流全过程上的连续性与合理性。

（2）港口是现代物流系统的最佳节点。

港口是实现运输、包装、装卸、仓储、保管、分货、配货、流通和加工功能的最佳场所，其独特的区位优势以及装卸、仓储、集疏运能力是其他物流节点所无法比拟的，而包装、分货、配货及流通加工更是其传统服务的自然延伸。

（3）港口拥有大量的先进的硬件设施。

港口拥有比较先进的装卸设备、面积相当的堆场和仓库以及良好的集疏运系统，这些硬件设施为港口从事物流服务奠定了良好的基础。

（4）现代港口是最重要的信息中心。

对国际贸易来说，港口作为国际物流链中的技术节点，是船舶、航海、内陆运输、通讯、经济、技术的汇集点。在港口地区落户的有货主、货运代理、船东、船舶代理、包装公司、陆上运输公司、海关商品检查机构等，现代港口作为全球运输网络的节点，将朝着全方位的增值服务方向发展，成为商品流、资金流、技术流与信息流的汇集中心。

（5）港口具有一定的物流管理经验。

由于长期从事物流服务，对承运方、托运方的衔接、协调、服务过程中的管理都具有一定的物流管理经验。同时，港口有一支较高素质的技术操作人员队伍。长期以来的实践培养造就了一批物流服务专业人才，不仅懂技术，而且有一定的物流生产经验。

（6）港口具有整合生产要素的功能。

港口作为国内市场与国际市场的接轨点、国内经济与国际经济的交汇点，是人流、货流、商流、资金流、技术流、信息流的聚集点，具有发展成为物流生产要素整合平台的资源优势。港口通过发挥经济的聚集效应，整合各种生产要素，能够发挥 $1+1>2$ 的效果。因此，港口是现代物流网络链中最有可能发展成为整合生产要素功能的大平台。

（7）港口管理体制改革为港口发展现代物流业提供了空间。

港口是城市的门户和本地区的"窗口"单位，有着独特的中心区位优势、腹地资源优势、信息汇集优势、堆场优势、仓储优势、装卸优势和技术优势。港口下放到所在城市进行管理后，地方政府更加注重港口资源的合理利用，进一步加强岸线规划，完善港区功能，优化生产布局，坚定不移地围绕"港口"做文章，促使地方物流企业与港口物流结合，利用港口既是对外开放"窗口"，又是内陆腹地与外部沟通的"桥头堡"这一有利条件，大力培育具有鲜明港口特色的现代物流业，必将促使港口的资源优势转化为现实生产力，这为港口发展现代物流业提供了良好的环境和更大发展空间。

3. 国际物流对港口的要求

传统意义上的港口是货物、旅客的集散点，随着全球经济一体化的发展，国际运输进入综合物流时代。在现代物流的概念下，港口则是整个供应链的重要节点。港口是货流（"物"流）、人流、信息流、资金流的汇集地，是各种物流作业的集中地，是多种物流设施和服务功能的集合。

当前国际物流的发展已经进入一个全新的时代，港口物流作为国际物流系统重要的一个环节，国际物流的发展对港口物流的发展产生了深远的影响。

（1）国际物流发展要求港口提供更好的集疏运。

据统计，目前国际贸易 90% 的货物流通是通过海运实现的，与其相连的内陆交通和集疏运管理是国际物流服务效率提高的关键所在。在国际物流全过程中，港口在运输方式转换方面有着无可替代的作用。港口不断负担着以自身为中心的物流服务功能，同时还必须将远洋与内陆综合运输系统合理衔接，提供全方位、与国际物流服务相适应的协调与组织服务，从而保证物流全过程的连续和畅通。

（2）国际物流发展要求港口功能从传统的装卸搬运向提供综合物流服务转型作为全球综合物流网络的节点。

现代港口是综合物流供应链中最大的货物集结点。港口是水陆运输的枢纽，是货物集散地、远洋运输的起点和终点。综合物流不仅在海上形成了枢纽港的分离，而且在陆上形成以港口为端点，以内陆物流中心为集散点，以不同运输方式的多式联运为运输通道的内陆网络体系，因此，港口也是最大的货物集结点。

现代港口是综合物流供应链的龙头。现代港口作为物流分拨配送中心，不但负责储存、分拣、理货、分装、装卸搬运、加工送货等职能，它还负责整个供应链的情报工作。

现代港口是生产要素的最佳结合点。由于港口运输优势，世界许多最重要的港口都有"前港口，后工厂"的布局设置，许多有实力的企业也选择港口城市作为发展之地，世界重要港口基本上都是重要的工业基地。现代港口有力地推动了区域经济的发展和汇集了最佳的人力、物力、财力，成为区域乃至国际性的商务中心。

现代港口是最重要的信息汇集中心。在港口地区落户的有货主、船东、货运代理、船舶代理、商品批发零售、物流企业、包装公司、陆上运输公司、海关商品检查机构等。现代港口已从纯粹的运输中心，经由配送中心发展为物流中心。随着国际多式联运与全球综合物流服务的发展，现代港口作为全球运输网络的枢纽，将朝着全方位的增值服务方向发展，成为商品流、资金流、技术流与信息流的汇集中心。

（3）国际物流推进港口物流国际化、标准化、信息化。

据统计，近年来我国进出口贸易总额保持了年均 16% 的增长速度，反映了我国经济国际化的程度不断提高。与此同时，大量与港口相关的先进的物流管理理念和信息技术也随之进入我国，极大地推动了我国港口物流的国际化、标准化、信息化进程，进而提高了我国物流业的整体水平，形成与国际物流相适应的物流系统。国际物流中商贸电子化、现代运输技术和经营方式的应用要求有关信息能在各运输环节和用户之间准确、快速地传递。作为综合运输的"神经中枢"，港口信息化网络已成为发展趋势。EDI 系统的开发，GPS、GIS 等先进技术的合理导入，以及国际间海关和跨国大型生产商、零售商间的信息系统成功对接，有力地推动港口物流的信息化。

任务四　港口物流与经济发展的关系

任务 引入

　　这天，赵一看着港区内穿梭的车辆、忙碌的同事，不禁感慨：在这座依港而生，因港而兴的城市里，港口是多少家庭赖以生存的保障呀！请你从港口物流与城市（地区）经济发展的关系分析港口物流对经济的贡献。

▶ **相关知识**

　　港口物流是货流、信息流、资金流的汇集地，是各种物流作业的集中地，是多种物流设施和服务功能的集合。港口物流一直被看成是地区经济的增长点，创造了就业机会，对国民经济和地区经济的发展做出了重要贡献。港口物流对经济的贡献可以分为直接经济贡献、间接经济贡献和社会效益。

1. 港口物流对经济的直接贡献

　　港口物流对经济的直接贡献主要是指港口生产所直接获得的经济效益。港口是国民经济和地区经济的一部分，与其他行业一样，港口同样产生国内生产总值、产生国民收入，港口还产生就业机会、上缴国家税收。

　　港口物流的发展将直接推动本区域的基础设施建设。一个区域的总产出受道路、机场和港口等基础设施的影响显著，区域经济发展与公共基础设施之间存在一个正的相关关系。港口经济的发展直接带来对道路、港口等公共设施需求的增加，可以吸引大量外来投资，推动有关基础设施及相关配套设施建设，这将进一步促进城市建设与经济发展的良性互动。其次，港口经济可以带动关联行业的发展。港口的发展既需要仓储、运输、物流、加工、贸易、金融、保险、代理、信息、口岸相关服务的支持，也会极大地带动这些产业的发展。目前，沿海地区成为我国现代制造业最发达、服务业最繁荣的区域，直接推动了整个国家经济的发展，加强了我国经济与世界经济的联系，提高了我国在国际分工中的战略地位。

2. 港口物流对经济的间接贡献

　　港口物流对经济的间接贡献是指为直接经济活动提供劳务与产品的组织与公司所产生的效益，是指由于港口的生产和发展促进或带动了其他部门的发展而产生的那部分效益。其主要包括贸易活动、临港工业活动以及基于港口的物流活动。

　　它包括促进了以港口生产为中间产品的其他部门的发展而带来的经济效益；带动了港

口生产所需产品的生产部门的发展而带来的经济效益由于港口发展使得货物得以及时运送而获得的生产效益与市场效益以及由于港口发展减少了客运时间而创造的时间价值；增加就业人员及就业人员工资带来的消费的增长，从而促进了经济的增长，等等。

3. 港口物流的社会效益

港口社会效益是指港口发展对促进地区繁荣的巨大推动作用。它包括由于港口的发展提高了当地的运送能力、资源开发、商品交流而带来的经济结构的变化和经济的迅速发展；由于港口发展吸引了投资带来的地区繁荣；由于港口发展吸引了投资带来的当地税收的增加；由于港口发展吸引了投资而使腹地或使港口周围地价的大幅度上升；由于增加就业带来的社会稳定与吸引外来人口而带来的文化、习俗、观念等方面的变化。这部分效益一般是难以量化的，但却对地区的发展具有其他部门不可替代的深远影响。

港口物流对经济发展起到了较大的推动作用，但是也带来一定的负面效应，如运输体系的发展，加重了环境污染。在评价港口物流对经济的贡献时，还应考虑与环境保护有关的指标，如能源、污染、拥挤、噪声和社会福利等。

▶ **实训任务二**

结合所学内容，以小组为单位，完成以下任务：
1. 进行网络或实地调研，了解北海港的发展历程。
2. 从港口与经济、港口与城市以及港口与物流的关系分析北海港城一体化进程。
3. 制作 PPT，每组派一位代表进行课堂汇报交流，时长不超过 5 分钟。

◆━━━━《课后练习》━━━━◆

一、单选题

1. 港口的水利之便吸引了人口和贸易活动在港口周边区域的聚集，形成集市、船工共、渔民的休憩区，城市依港而建属于港口发展的（　　）。
   A. 初始期　　　　　B. 成长期　　　　　C. 成熟期　　　　　D. 后成熟期

2. 原有的港城系统解体，生成新的港城系统，新系统的可能会出现再生、停滞、倒退等趋势属于港口发展的（　　）。
   A. 初始期　　　　　B. 成长期　　　　　C. 成熟期　　　　　D. 后成熟期

3. 四川蜜柑在上海港由江船装至海船后，再运往大连，四川是上海港的（　　）。
   A. 中转腹地　　　　B. 前方腹地　　　　C. 直接腹地　　　　D. 重复腹地

4. 港口通过各种水陆路运输方式沟通了国内外之间的产销联系体现了港口对国民发展的（　　）。
   A. 驱动作用　　　　B. 凝聚作用　　　　C. 保证作用　　　　D. 辐射作用

5. 以下属于港口发展软件环境支持的是 （   ）。

    A. 人力资源   B. 土地   C. 集疏运   D. 金融和贸易

6. 两个或两个以上的港口共同拥有的腹地是 （   ）。

    A. 直接腹地   B. 间接腹地   C. 混合腹地   D. 共同腹地

7. 据统计，我国外贸运输量的 （   ） 以上是通过港口由海运完成的。

    A. 60%   B. 70%   C. 80%   D. 90%

8. 政治、经济、文化等多种因素共同作用于城市形态并驱动其形成和演变，其中，（   ） 是根本性的决定因素。

    A. 政治   B. 经济   C. 文化   D. 人口

9. 传统意义上的港口是货物、旅客的集散点，随着全球经济一体化的发展，国际运输进入 （   ） 物流时代。

    A. 现代   B. 综合   C. 全球   D. 专业

10. （   ） 是港口正常运转和蓬勃发展的物质基础。

    A. 政治   B. 腹地   C. 城市   D. 经济

二、多选题

1. 以下哪些是港口传统服务的自然延伸 （   ）。

    A. 运输   B. 包装   C. 流通加工   D. 保管

2. 港口作为国内市场与国际市场的接轨点、国内经济与国际经济的交汇点，是 （   ） 等的聚集点。

    A. 货流   B. 商流   C. 资金流   D. 信息流

3. 港口物流对经济的贡献可以分为 （   ）。

    A. 直接经济贡献   B. 间接经济贡献   C. 社会效益   D. 企业效效益

4. 发展城市经济也会对港口的 （   ） 产生重要影响。

    A. 功能战略   B. 服务范围   C. 生产特点   D. 地位作用

5. 国际物流推进港口物流 （   ）。

    A. 国际化   B. 标准化   C. 信息化   D. 一体化

三、简答题

1. 简述港口与经济的关系。

2. 如何理解"建港兴城，城以港兴；港为城用，港以城兴；港城相长，衰荣共济"。

3. 港口发展现代物流具有哪些独到优势？

四、案例分析

国内外典型港口城市发展经验借鉴

一、典型港口城市

（1）鹿特丹。

鹿特丹是典型的港口城市，地处荷兰南部，位于莱茵河与马斯河河口，西依北海，东溯莱茵河、多瑙河，可通至里海，有"欧洲门户"之称。鹿特丹是荷兰第二大城市，年产值约占荷兰国民收入的13%。鹿特丹的经济几乎完全以航运为基础，它聚集了国际航运业的各种要素，拥有完善的港口设施、发达的转运网络、健全的服务体系和生机勃勃的临港产业，是国际上重要的水陆空综合交通枢纽。鹿特丹充分利用自身海运优势，逐步发展壮大石化工业，炼油、化工、造船等工业，依托鹿特丹港蓬勃发展，形成了一条以炼油、石油化工、船舶修造、港口机械、食品等工业为主的临海沿河工业带，成为世界上三大炼油基地之一，是名副其实的工业综合体和港口城市。鹿特丹建立了发达的集疏运系统，包括铁路运输、内陆水运、管道运输和公路运输，凭借着港口和强大的集疏运网络，利用自身的临港优势，大力发展临港工业，其港口增加值占里奇蒙德地区GDP的40.5%，占荷兰的8.2%。目前，鹿特丹不仅是欧洲最大的集装箱港口和西欧商品的集散中心，也是国际航运中心和国际贸易中心。

（2）杜伊斯堡。

杜伊斯堡是欧洲典型的内河港口城市，位于鲁尔区西部的莱茵河畔，同时也是德国西部鲁尔区重要的工业城市。杜伊斯堡是一个典型的"以港立市"的城市，港口的繁荣发展带动了临港产业，并与港口形成了良性互动。港口的发展带动了杜伊斯堡市发达的冶金和化工产业，大多数德国的钢铁厂、钢铁工业中心和主要的装备采购基地都在杜伊斯堡设立建造。港口成了鲁尔工业区主要的工业品运输枢纽，矿石、煤炭、钢材、谷物等大宗散货是港口的主要货种。此外，杜伊斯堡拥有广阔的物流需求和市场潜力，港口积极融入现代物流和国际供应链，通过水路、铁路和高速公路与中、东欧大部分地区联系在一起，成为鹿特丹、安特卫普等北海沿岸港口的内陆中心，年总吞吐量可达到7000万吨。

（3）新加坡。

新加坡国土面积狭小，资源贫乏，从一个小渔村发展成为如今的国际航运中心，"以港兴市、以港兴国"的理念在其中发挥了重要作用。新加坡坐拥马六甲海峡这条全世界最繁忙的海运线，依托其优越的地理位置新加坡港运用自由港的政策，充分发挥其中转功能，拥有世界大约五分之一的集装箱转运吞吐量，带动了集装箱国际中转业务的发展，成为国际航运网络的重要一环，由此也提升了新加坡在国际航运、贸易和金融业务的竞争力。新加坡通过建立工业区发展工业体系，在电子电器、炼油、船舶修造等方面形成产业优势。工业和贸易的发展吸引了各类要素在港区地集聚，从而推动了金融、第三方物流等服务业的快速发展。这一发展路径符合新加坡通过港口发展带动城市发展的理念。随着环保意识的提升以及城市整体规划的注重，新加坡致力于向知识经济转型，重点发展资本密集型和技术密集型的高科技产业，并积极发展与港口相关的服务产业，如国际旅游业和会展业。新加坡港产业集群的分布已经沿着港区不断向外延伸，产业链多集中在航运产业上游，形成了以发展国际高端航运业为主的知识驱动型的航运发展模式。

（4）宁波。

宁波是浙江省经济中心，地处长江三角洲南翼，是中国大长三角五大区域中心之一。宁波一直奉行"港口兴，则城市兴、经济兴"的城市发展战略，把建设现代化国际港口城市作为贯穿宁波改革开放的奋斗目标。宁波港已经发展为临港工业和现代物流服务共同发展的现代化港口，成为临港产业集聚带和海洋经济新的增长点。石化工业、钢铁工业、电力工业、造纸工业等临港工业在宁波已经初步形成了产业集群。同时，宁波港不断加强海铁联运能力建设，出台扶持政策，提高服务品质，努力为海铁联运创造优势。宁波依托完备的货物运输服务功能，良好的港口和产业互动关系，已成为我国东部沿海地区最具潜力的港口城市之一。

二、港口城市发展经验借鉴

（1）制定长期发展战略，引入先进的建设主体。

港口城市建设需要有长期战略规划和强有力的推进 主体作为保障。从国内外典型港口城市发展经验来看，他们都制定了长期战略规划，这不仅有助于理清未来发展方向，更能帮助其专注于某一领域精准发力。如新加坡制定了"以港兴市、以港兴国"的发展理念，宁波更是多年奉行"港口兴，则城市兴、经济兴"的城市发展战略。同时，引入具有丰富经验的港城一体化开发主体也是港口城市发展的关键，有利于达到港城互促发展的效果。例如，新加坡引入了在集装箱码头经营、投资和管理上都有着丰富的经验的 PSA International Singapore，不仅帮助新加坡奠定了全球港口城市发展的典范基础，自身更是成为了世界第一大码头运营商。

（2）大力发展临港产业，带动城市经济发展。

临港产业是港口城市协调发展的关键和核心，是港 城互动的纽带，国内外典型港口城市在形成过程中无一 例外的都是依托临港产业带动城市经济快速发展，且均 具有主导产业鲜明的特征。在产业发展上充分利用港口 资源、围绕港口优势建立产业集群，大力发展与港口直接产业、关联产业、依存产业的生活性服务产业，提升城市功能。例如，鹿特丹依托自身工业基础与得天独厚的地理优势，成为世界上三大炼油基地之一；新加坡大力发展临港产业，成了世界石油炼制中心、国际船舶 燃料供应中心及世界最大的修船基地。

（3）打造完善的港口集疏运系统，提高港口辐射影响力。

港口城市需要通过高效集疏运扩大腹地辐射范围，提升自身的地位和影响力。例如，鹿特丹拥有多模式的集疏 运系统，通过铁路大通道，将港口腹地延伸到上千千米以外的欧洲内陆腹地，形成"水—公—铁—管"的运输模式，海铁联运集装箱吞吐量占到20%以上，美国向欧洲出口货物的43%以及日本向西欧出口的货物近34%都经由鹿特丹中转。杜伊斯堡依托内河优势，铁水联运集装箱吞吐量占比超过36%。完善、高效的集疏运体系有效促进了港口与城市在经济、政策、文化等方面的融合发展。

请思考：

1. 从港口与城市关系的角度分析鹿特丹、杜伊斯堡、新加坡、宁波港口城市的发展经验。

2. 请总结典型港口城市发展有哪些值得借鉴的先进经验？

项目三

港口装卸机械及工艺

学习目标

一、知识目标

1. 认识港口装卸机械的类型
2. 掌握港口装卸工艺的概念及特点

二、能力目标

1. 能够设计港口装卸工艺

三、素养目标

1. 培养学生的实践动手能力，强化港口装卸流程规范化意识
2. 培养学生的创新意识与能力，在港口机械选择中坚持与时俱进
3. 培养学生精益求精的港口工匠精神，不断优化港口生产工艺

思维导图

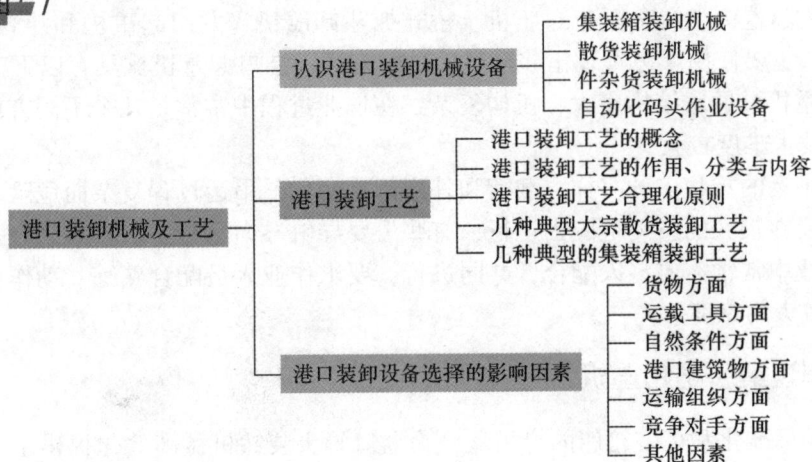

港口装卸机械及工艺
- 认识港口装卸机械设备
  - 集装箱装卸机械
  - 散货装卸机械
  - 件杂货装卸机械
  - 自动化码头作业设备
- 港口装卸工艺
  - 港口装卸工艺的概念
  - 港口装卸工艺的作用、分类与内容
  - 港口装卸工艺合理化原则
  - 几种典型大宗散货装卸工艺
  - 几种典型的集装箱装卸工艺
- 港口装卸设备选择的影响因素
  - 货物方面
  - 运载工具方面
  - 自然条件方面
  - 港口建筑物方面
  - 运输组织方面
  - 竞争对手方面
  - 其他因素

任务一　认识港口装卸机械设备

今天调度员李三接到三艘船装卸货物的通知，内容分别如下：

1. 一艘载重量为 3 万吨的集装箱船需卸船，并在集装箱后方堆场储存 7 天，最后运往外地。

2. 一艘 3 万吨级的杂货船需在上海港卸船，然后转移到后方 4 号库场进行储存。

3. 天津港后方堆场 5 号仓库存储有 2.1 万吨煤炭、矿石 1.2 万吨，先需要装在同一艘散杂货船上运往深圳港口。

你能说出完成这三艘船的装卸作业需要用到哪些港口装卸设备吗？

▶ 相关知识

港口装卸设备作为港口的主要作业工具，对港口的生产具有重要意义，在一定程度上直接决定了港口的生产作业效率，伴随着港口货物吞吐量不断增加和现代化水平不断提升，港口装卸设备的种类类型也在不断增加，通常，港口装卸机械主要用于搬运成件物品，如集装箱的装卸等，配备抓斗后可搬运煤炭、矿石、粮食之类的散状物料，配备盛桶后可吊运钢水等液态物料。目前，港口应用的装卸机械有百余种，其中应用较广的有 30 种左右。

1. 集装箱装卸机械

目前，集装箱在国际运输种已经有统一标准，除了国际标准外，我国集装箱还有自己的标准。集装箱装卸机械在港口之间是通用工具。

集装箱装卸机械一般是指能够垂直升降货物并具有水平运移功能的机械，在港口使用较多的有门座起重机、门座抓斗卸船机、桥式抓斗卸船机、龙门起重机和浮式起重机等，而集装箱码头主要使用岸边集装箱起重机。总的来说，港口起重机械具有以下工作特点。

（1）起重机械通常结构庞大，机构复杂，在作业过程中常常是几个不同方向同时运动同时操作，技术难度较大。

（2）所吊运的重物多种多样，载荷和外形都是变化，吊运过程复杂而危险。

（3）需要在较大的空间范围内运行，有些需要导轨导向运行。

（4）作业中常常需要多人配合，共同进行，要求作业人员配合熟练、动作协调、互相照应，存在较大的难度。

1.1　岸边集装箱起重机

集装箱的标准化和集装箱船的专用化，为港口码头装卸机械高效化提供了良好的作业条件，在现代集装箱码头，从事码头前沿集装箱起落舱作业的设配普遍采用岸壁式集装箱装卸桥来装卸集装箱船舶。

集装箱装卸桥（如图3-1）主要由带行走机构的门架，承担臂架重量的拉杆和臂架等几个部分组成。臂架的主要作用是用来承受带升降机构的小车重量，而升降机构又是用来承受集装箱吊具和集装箱重量的。

图3-1 岸边集装箱起重机

利用集装箱专用吊具进行装卸作业，外伸距长（35～38米）、起升高度大（轨面以上25米，轨面以下12米），吊具下额定起重高（40英尺额定重量30.5吨），起升、行走速度快，装卸效率高，投资成本高。

1.2 船吊

它是船舶自身配备的起吊设备，当港口的水深不足，大型船舶无法直接停靠码头装卸货物，需要通过驳船将货物驳到大船旁时使用。在多用途船上，要求单吊能吊起20英尺集装箱，双吊能吊起40英尺集装箱（30吨），其起重量可达25～30吨。如图3-2所示。

图3-2 船吊

1.3 轮胎式集装箱龙门起重机

轮胎式龙门起重机，主要特点是机动灵活，通用性强。它不仅能前进、后退，而且还能左右转向 90 度，设有转向装置，可从一个堆场转向另一个堆场进行作业。轮胎式龙门起重机的跨距是指两侧行走轮中心线之间的距离。跨距大小取决于所需跨越的集装箱劣势和底盘车的通道宽度。根据集装箱堆场的布置，通常标准的轮胎式龙门起重机横向可跨 6 列和一条车道，可堆 3~4 层。如图 3-3 所示。

图 3-3　轮胎式集装箱龙门起重机

1.4　轨道式集装箱龙门起重机

轨道式龙门起重机是集装箱码头堆场上进行装卸、搬运和堆垛作业的一种专用机械。一般比轮胎式龙门起重机跨度大，堆垛层数多。最大的轨道式龙门起重机，横向可跨 19 列集装箱和 4 条车道，可堆 5 层高。轨道式龙门起重机是沿着场地上铺设的轨道行走，因此，只能限制在所设轨道的某一场地范围内进行作业。轨道式龙门起重机确定机械作业位置的能力较强，故较易实现全自动化装卸，是自动化集装箱码头比较理想的一种机械。

龙门起重机工艺方式有许多与其他堆场工艺方式不同的特点，它的优点有如下几个方面。

（1）运行时稳定性好，维修费用低，即使初始投资稍大，但装卸成本会降低。

（2）搬运起重机方式箱列间可不留通道紧密堆装，因此在有限的场地面积内可堆存大量的集装箱，场地面积利用率很高。

（3）在场上搬运起重机的运行方向一致，动作单一，故容易采用电子计算机控制，实现操作自动化。

其缺点有如下几个方面。

（1）由于堆装层数较高，如需取出下层的进口集装箱时就要经过多次倒载才能取出，在操作上带来了许多麻烦。

（2）场上配机数量一般是固定的，故不能用机数来调整场地作业量的不平衡，因此，当货主交接的车辆集中时，可能会发生较长的待机时间，如搬运起重机发生故障，就会迫使装卸桥停止作业。

（3）搬运起重机自重较大，轮胎式搬运起重机的轮压一般为 20 吨，轨道式搬运起重机比轮胎式的轮压大，而且堆装层数多，故场地需要重新铺装。

（4）大跨运的搬运起重机由于码头不均匀下沉，可能会产生轨道变形，有时会影响使用，故跨距太大不一定有利。如图 3-4 所示。

图 3-4　轨道式集装箱龙门起重机

1.5　集装箱正面吊

集装箱正面吊有可伸缩和左右旋转的集装箱吊具，能用于 20 英尺、40 英尺集装箱装卸作业，吊装集装箱时正面吊不一定要与集装箱垂直，可以与集装箱成夹角作业。在作业时，可同时实现整车行走、变幅、臂架伸缩动作，具有较高的工作效率。如图 3-5 所示。

1.6　集装箱叉车

集装箱叉车和正面吊运机是目前铁路、港口码头集装箱场所采用的性能较好、效率高、用途多的集装箱装卸、搬运机械。当其配备相应的工作器具，还可在货场，码头吊运其他大件货物，实现一机多能，因而它是一种通用的装卸、搬运机械。

箱内作业叉车应具有外形尺寸小，轴压和轮压小，具有自由起升的性能以适应箱内的作业条件；箱内作业叉车应具有货架侧移和货叉侧移的性能，使得叉车在不移动位置依靠货架或货叉的移动来对准货位；同时，由于箱内作业活动空间小，通风条件差，叉车应能防止污染，如图 3-6 所示。

1.7　跨运车

集装箱跨运车是随着集装箱运输的发展，为了适应集装箱运输设备的配套而采用的集装箱装卸、搬运、堆码的机械，它以门形车跨在集装箱上，装有集装箱吊具液压升降系统吊起集装箱，一般以柴油机为动力，通过机械传动方式或液力传动方式驱动跨运车走行集装箱的搬运和堆码工作。

集装箱跨运车与轮胎式、轨式起重机比较，具有更大的机动性。主要用于集装箱场与门式起重机、装卸桥配套使用。跨运车负责将铁路车辆和港口船舶上卸下的集装箱搬运到集装箱场并堆码或将集装箱场上集装箱搬至铁路装卸线附近或码头前沿，再由门式起重机或装卸桥进行装车、装船，从而构成全跨运车方式跨运集装箱场或码头装卸机械化方式。跨运车也可以与拖挂车配合，由拖挂车担任集装箱的搬运，跨运车担任集装箱的装卸和堆码作业如图3-7所示。

图3-5　集装箱正面吊　　　图3-6　集装箱叉车　　　图3-7　跨运车

1.8　集装箱牵引车

集装箱牵引车用来拖带载运集装箱的挂车或半挂车，如图3-8所示。其特点是可以快速装卸，并且可以直接轻松地从一种运输方式更改为另一种运输方式，在中间运输过程中，可以直接更换货物，而无需移动包装箱中的货物，有利于货物的装卸，可以重复使用很长一段时间，并且具有足够的强度。

1.9　集装箱底盘车

底盘车方式又称海陆公司方式，它是由陆上拖车运输发展起来的。而集装箱堆场上采用的底盘车堆存方式是指将集装箱连同起运输集装箱作用的底盘车一起存放在堆场上。采用底盘车方式这种堆存方式，集装箱堆存高度只有一层，而且需要有较宽的车辆通道，因此占用较大的堆场面积，使堆场面积利用率较低，如图3-9所示。

图3-8　集装箱牵引车　　　图3-9　集装箱底盘车

2. 散货装卸机械

散货有固体散货和液态散货两种，这里所指的散货是在港口流转的固体颗粒货物如煤炭、矿石等。主要散货装卸机械有以下几种。

2.1　固定式装船机

固定式装船机是整机固定在码头上不能够移动，但是可以根据作业距离沿臂杆移动的机械。这种机械性能全面，装船效率高，对码头承载能力要求低，可节省码头建造费用，因此成为国内外散货的主要装船机械。

2.2 移动式装船机

移动式装船机是整机可以沿着码头泊位移动的机械。这种机械性能完善，可适应在各种煤炭和矿石的任何船舱装载，但是，构造复杂，对码头结构强度要求高。如图 3-10 所示。

2.3 抓斗起重机

抓斗起重机根据起重机的结构分为桥式起重机、门式抓斗起重机；根据横梁的数量可以分为单梁抓斗起重机和双梁抓斗起重机。这种起重机将煤、矿石和磷酸盐之类的散货从货舱卸到漏斗，然后经传送带卸至堆货场或装车。如图 3-11 所示。

图 3-10 移动式装船机

图 3-11 抓斗起重机

2.4 链斗卸船机

链斗卸船机是一种利用链斗从船舱内挖取物料并将物料通过机上输送机系统卸至码头的散料连续卸船机械。如图 3-12 所示。

图 3-12 链斗卸船机

2.5 散杂货堆场作业机械

（1）在国内外码头中，物料的存储、中转一般采用露天堆场的形式，堆料机是重要的堆场作业设备，如图3-13所示。它的主要功能是将卸车机卸下的货物堆存到堆场上，方便取料机进行取料作业。堆料机适用于大、中型火力发电厂、水泥厂、港口、矿山、冶金及大型水利工地的储料场，是取运散装物料高效、可连续作业的设备。

（2）取料机（如图3-14），用于堆高散货的取货。

（3）皮带运输机是运用皮带的无极运动运输散货的机械，如图3-15所示。这种机械属于连续作业机械，效率非常高；平舱机用于散货在船舱堆高后的平舱，以便于船舱航行时的稳定。

图3-13　堆料机

图3-14　取料机

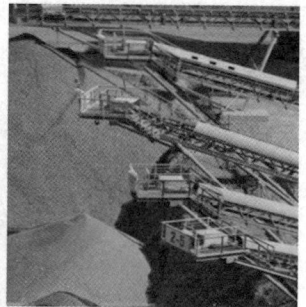
图3-15　皮带运输机

3. 件杂货装卸机械

件杂货物又可以分为包装货和裸装货，包装货就是可以用包、袋、箱等包装起来运输的货物，裸装货就是没有包装或者无法包装的货物。其常见的有钢材及钢材制品，铁及铁制品，各种纸类，棉花，天然橡胶，皮革制品，服装制品，塑料制品，袋装水泥，袋装化肥，袋装粮食，机械设备，交通工具，文具，日用品，木材及木材制品，玻璃及玻璃制品，工艺品，等等。主要件杂货装卸机械有以下几种。

3.1 门座起重机

门座起重机简称门机（如图3-16），臂架结构，通过吊钩或抓斗进行装卸作业，起重量一般不超过25吨，不随幅度变化，幅度8.5～35米，起升高度轨面上最大不超过28米，轨面下15米。整机装拆运输性好、吊具下放深度大、能较好地适应临时性工作和栈桥上工作等，主要用于散杂货物装卸。

图3-16　门座起重机

3.2 流动起重机

流动起重机主要有轮胎起重机（如图 3-17 所示）、履带起重机（如图 3-18 所示）、汽车起重机（如图 3-19 所示）。其中，轮胎起重机在港口最为常用，既可用于装卸驳船作业，也可用于库场作业。

图 3-17 轮胎起重机

图 3-18 履带起重机

图 3-19 汽车起重机

3.3 船舶起重机

船用货物装卸设备（如图 3-20），用以在锚泊时进行货物装卸或与港口货物装卸设备联合作业，以加快船舶周转，提高船舶营运效率。船舶起货机的类型很多，按结构形式和作业方式的不同可分为门式起货机、吊杆式起货机和回转式起货机。

图 3-20 船舶起重机

4. 自动化码头作业设备

自动化码头是指利用先进的技术和设备，实现货物装卸、仓储和运输过程的自动化的港口码头。它通过自动化设备、无人操作系统和智能管理系统，提高了货物的装卸效率和安全性，减少了人力成本和人为错误，实现了港口运营的高效、智能化和可持续发展。

4.1 自动化设备

（1）自动化起重机：自动化码头采用先进的自动化起重机，如全电动桥式起重机、自动化集装箱起重机等。这些起重机具有高度的自动化程度，能够实现自动装卸货物、自动调度和自动堆垛。它们通过激光雷达、摄像头和传感器等感知设备，实现对货物的精确定位和操作。

图3-21　自动化集装箱起重机

（2）自动化输送系统：自动化码头配备高效的输送系统，如自动化堆垛机、自动化输送带和自动化 AGV（自动化引导车）。这些设备能够实现货物的自动运输和分拣，提高了货物的流转效率和准确性。

图3-22　港口无人驾驶集装箱车

（3）自动化装卸设备：自动化码头使用先进的自动化装卸设备，如自动化卸料机、自动化装船机等。这些设备能够实现货物的快速装卸，减少了装卸时间和人力成本。

图3-23　港自动化装船机

4.2　无人操作系统

（1）自动化控制系统：自动化码头采用先进的自动化控制系统，实现对自动化设备和系统的集中控制和监控。这些系统能够实时监测设备的状态和运行情况，及时发现和处理异常情况，确保码头运营的安全和稳定。

（2）人工智能技术：自动化码头利用人工智能技术，实现对货物和设备的智能识别和分析。通过图像识别、语音识别和数据分析等技术，能够准确判断货物的属性和状态，提高了货物的处理效率和准确性。

4.3　智能管理系统

（1）货物追踪系统：自动化码头配备货物追踪系统，能够实时监测货物的位置和状态。这些系统通过 RFID 技术、GPS 定位和传感器等设备，实现对货物的全程跟踪和管理，提高了货物的安全性和可追溯性。

（2）运输调度系统：自动化码头采用先进的运输调度系统，实现对货物运输过程的智能调度和优化。通过算法和模型，能够实时分析货物的数量、目的地和运输工具的可用性，实现最优的运输路径和调度方案，提高了运输效率和降低了成本。

（3）数据分析系统：自动化码头利用大数据和云计算技术，实现对数据的实时采集、存储和分析。通过对数据的挖掘和分析，能够发现运营过程中的问题和潜在风险，提供决策支持和优化方案，实现码头运营的高效和可持续发展。

任务二　港口装卸工艺

　　一艘载重量为 3 万吨的集装箱船需卸船，并在集装箱后方堆场储存 7 天，最后运往外地。调度员李三大致了解了集装箱装卸需要使用的设备，但任何单一设备不足以完成本次卸船任务。请你根据集装箱卸船作业流程把相关装卸设备组合起来，形成一套完整的卸船工艺流程。

▶ 相关知识

1. 港口装卸工艺的概念

　　港口装卸工艺是港口运输的重要组成部分，是整个运输系统的一个不可分割的环节。在港口企业中，港口装卸工艺是指在港口实现货物从一种运载工具（或库场）转移到另一种运载工具（或库场）的空间位移的方法和程序。具体来说，港口装卸工艺是指按照一定的劳动组织形式，运用装卸机械设备，装卸工具等物质手段，按照作业流程，围绕安全、优质、高效、低耗和降低劳动强度，降低货物装卸成本，遵照规定的技术标准和规范，完成货物在不同运输方式间的换装作业过程。

　　港口装卸工艺经历了三次革命，随着专业化运输工具的出现，港口货物装卸机械设备更新、发展，港口装卸工艺发展了翻天覆地变化，更具有现代化特征，具体表现有如下几个方面。

　　（1）港口装卸机械设备再专业化基础上向大型、高效发展，仓库的类型和结构也发生了相应变化，出现了大跨度和各种类型的机械化仓库。

　　（2）设计和制造了多种多样的吊货工属具，以提高装卸机械效率。

　　（3）从单个环节的作业机械化到整个工艺流程的综合机械化，从主要作业的机械化发展到辅助作业的机械化、电子化，实现了某些工艺流程的自动化、智能化控制，并发展到管理的信息化。

　　（4）从港口内部工艺流程各环节的平衡，发展到强调疏运能力应与港口通过能力相协调，港口生产过程与运输过程紧密结合。

　　（5）港口建设与工业基地建设相结合，港口工艺流程与工业企业的生产流程相衔接，以减少物流的流转费用。

　　（6）重视港口生产对社会的影响，注意消除污染和保护。

2. 港口装卸工艺的作用、分类与内容

2.1 港口装卸工艺作用

港口装卸工艺在港口生产活动中具有重要的作用。装卸工艺就是港口生产方法，它是港口生产的基础，装卸工艺现代化是港口现代化的关键。港口主要生产任务是货物装卸和存储，合理的装卸工艺就是港口生产方法，是装卸过程中的安全与质量，提高装卸效率，减轻劳动强度等的重要保障。具体作用有如下几个方面。

（1）港口装卸工艺是港口生产的基础和规范。

港口生产必须以港口作业计划为依据，而港口作业计划的编制、现场装卸生产的组织则以制定的装卸工艺为依据，由此可见，制定港口装卸工艺方案是港口生产的基础及规范。

（2）装卸工艺进步是港口生产力发展的前提和技术保证。

港口装卸机械设备是开展港口装卸作业的物质手段，随着港口机械设备的发展，港口装卸工艺也经历了很多变革，如煤炭卸船，采用门机抓斗比船吊抓斗效率高，这些机械设备按照工艺流程有机地组合与配置，构成完整的机械化系统，是港口生产力发展的前提和技术保障。

（3）装卸工艺是设计建设港口和选用装卸机械的重要依据。

规划一个港口或建设一个泊位，在货种和靠泊船型确定后，首先考虑装卸工艺流程、配合使用的机械设备，这不仅影响今后的生产规模，而且也是进行港口日常装卸的必要条件，影响着港口经济效益的最大化。

（4）装卸工艺是提高港口装卸生产效益的重要手段。

港口装卸工艺选择是否合理，直接影响港口的生产效益，而港口装卸工艺现代化是推动港口生产发展的主要动力。因此，改进港口装卸工艺、挖掘港口生产潜力、缩短车船在港口停泊时间、降低装卸成本，是提高港口装卸生产效率的重要手段。

（5）港口装卸工艺是劳动管理的重要内容。

港口装卸工艺是港口生产作业的方式选择的主要依据，而港口生产作业方式的选择直接影响到作业的时间、定额以及奖惩制度。

2.2 港口装卸工艺分类

根据不同的分类标准，港口装卸工艺分类也不一样。

（1）按装卸组织划分。

按装卸组织划分，港口装卸工艺可分为港口操作工艺，如装卸大件货、包装货、大桶等工艺方法；装卸流程工艺，即按照一定的装卸工艺而进行的连续装卸过程，如集装箱装卸工艺。

（2）按装卸货物种类划分。

按货物种类划分，港口装卸工艺可分为件杂货装卸工艺、集装箱装卸工艺、重大件装卸工艺、干散货装卸工艺、液体散货装卸工艺、滚装工艺等。

（3）按装卸运输工具划分。

按装卸运输工具划分，港口装卸工艺可分为有装船、装车、卸船、卸车等装卸工艺。

（4）按运输形式划分。

按运输形式划分，港口装卸工艺可分为单件货物、成组货物、集装箱货物等装卸工艺。

2.3　港口装卸工艺的内容

在港口，装卸工艺工作主要包括两个方面，即日常装卸工艺工作和港口装卸工艺设计工作。

1）港口日常装卸工艺工作

这一工作是以港口现有的工艺系统与装卸设备为基础，通过挖潜、技术创新和有效的组织，合理运用现有的人力、机械、工具、码头设施、库场设施，以达到安全、高效、低消耗来完成港口装卸任务的目的。其具体包括以下方面。

（1）确定货物的换装方案。

（2）编制工艺流程操作管理规范和标准。

（3）对新工艺、新的操作方法的现场教学指导。

（4）装卸工属具的改进和创新。

（5）装卸工艺县的再设计。

（6）总结装卸搬运经验，作业线的改进。

2）港口装卸工艺设计工作

港口装卸工艺设计属于外延式的扩大再生产范畴，是港口工程设计的一个重要组成部分。这一工作围绕港口在货物从进港口到出港的装卸过程中，根据货物的种类、数量、流向、包装形式及规格，按代表船型、车型，以经济合理的原则，采用能显著减轻劳动强度的适用技术设备，设计成高效、低成本、安全而又能防止污染的装卸和搬运方法及流程。其具体包括以下方面。

（1）工艺系统的总体布置。

（2）装卸机械设备的选择及数量的确定。

（3）码头的平面布置。

（4）所需铁路装卸线及调车线长度的计算。

（5）工人及司机数量的计算。

（6）货物在运输工具和库场上的合理配置和堆码。

（7）工艺方案的技术经济论证。

3. 港口装卸工艺合理化原则

（1）安全质量原则。

安全质量原则是指在港口生产过程中，防止货物损坏和差错，保护人员的生命，以及设备、设施的正常运行。

（2）充分利用机械设备原则。

充分利用机械设备原则是指对于劳动强度大、工作条件差、装卸搬运频繁、动作重复的环节，尽可能采用有效的机械化作业方式。

（3）专业化和适应性原则。

专业化原则是尽可能采用专门的工艺，专用的设备进行货物的装卸、搬运和储存；适应性原则是指采用的工艺方案或者装卸设备应尽可能地运用于不同种类的货物的装卸作业要求。

（4）高效作业原则。

高效作业原则是指装卸工艺的涉及应保证船舶和车辆的装卸能力得到充分发挥，达到缩短车船在港停留时间。

（5）标准化原则。

标准化原则是指在装卸工艺方案以及装卸设备的选择时，应尽可能采用标准变化的成熟方案和设备系列，以及标准化的货物单元。

（6）环保原则。

环保原则是指在装卸工艺的涉及和改造中，应采取有效措施，防止在作业过程中对周围环境产生的有害影响。

4. 几种典型的大宗散货装卸工艺

散货是指在运输过程中不加包装而散运的货物，如煤炭、矿石、建筑用砂石等。散货的特性如块度、容重、流动性、粘结性、黏积角、自燃性等都和装卸工艺有着重要关系，影响着装卸机械设备的选用及相应的技术措施的采纳。在进行散货装卸工艺设计时，对散货运输工具的类型、结构则要考虑到目前的和进一步发展的多种情况。例如，船舶有专用船和通用船之分；铁路车型有专用车型（如漏斗车、底开门自卸车）和通用车型（如敞车和棚车）。

大宗散货装卸工艺分为出口装卸工艺、进口装卸工艺两部分。出口装卸包括卸车作业（火车到堆场）、堆场作业、装船作业（堆场到船）、输送作业和辅助作业；进口装卸包括：卸船作业（船到堆场）、堆场作业、装车作业（堆场到车）、辅助作业。即出口作业流程：卸车→中间运输→堆场→中间运输→装船；进口作业流程：卸船→中间运输→堆场→中间运输→装车。具体如下：

4.1 煤炭、矿石的出口装卸工艺

典型的煤炭、矿石出口装卸工艺流程有（火）车—堆场、堆场—船、驳、（火）车—船、驳三种，详见图 3-24 至图 3-26。

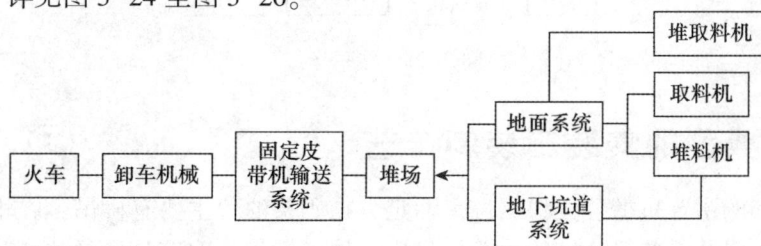

图 3-24 （火）车-堆场

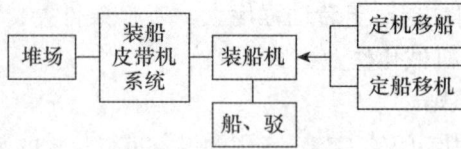

图 3-25　堆场-船、驳

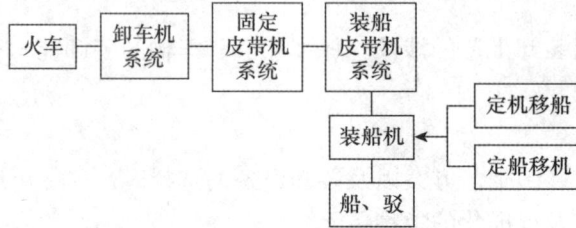

图 3-26　（火）车-船、驳

► 课堂活动 1 ┄┄

2022 年 2 月 3 日，"皇后号"货船欲将天津港后方堆场 5 号仓库存储的 2.1 万吨煤炭、1.2 万吨矿石装运至日本横滨港，请简单画出该散货出口装卸工艺流程。

4.2　煤炭、矿石的进口装卸工艺

典型的煤炭、矿石进口装卸工艺主要由煤炭、矿石卸船作业、堆场作业、装车（驳）作业三个环节组成，详见图 3-27 至图 3-29。

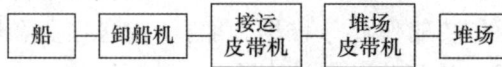

图 3-27　船—堆场

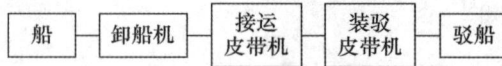

图 3-28　船—驳船

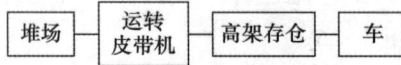

图 3-29　场—车

5. 几种典型的集装箱装卸工艺

集装箱装卸的主要机械分类根据位置而定，在码头泊位主要有桥吊，在堆场主要有龙门吊。桥吊用于集装箱装船与卸船，龙门吊用于堆场堆箱与取箱。但是这两种设备不能用

于集装箱的集港与疏港，所以，为了配合集装箱在码头泊位与前后方堆场之间的转运，以及集装箱在堆场的挪箱，必须配置集装箱辅助设备，主要有集装箱正面吊、集装箱叉车，这两种设备主要辅助龙门吊进行集装箱的挪箱与堆码。集装箱跨运车是码头与堆场之间的短途运输辅助设备，用于集装箱港口与港外之间的长途运输。

由此可见，集装箱港口装卸工艺因码头泊位、搬运距离、作业方式、机械设备等不同而不同，在此，主要介绍三种典型的集装箱装卸工艺。

5.1 装卸桥——跨运车装卸工艺

装卸桥——运车装卸工艺适于"船—场""场—场""场—集装箱货运站"的方式。其优点有以下几个方面。

（1）装卸船接运采用"落地"方式，不需要对位。提高装卸效率，节省时间。

（2）机动灵活。跨运车流动性较强。

（3）机种少，适应性强。一种机械可完成多种作业。

（4）能在场地上将箱子重叠堆垛，一般可堆高2~3层，可节省堆场面积。

而该工艺的缺点主要是由跨运车的缺点所引起，如作业场地要求平整。为克服这些缺点，要求码头场地要平整，司机的操作技术要求更高，并且注意加强对跨运车的维护和保养。

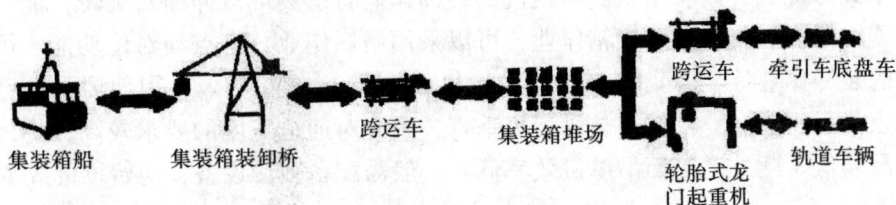

图 3-30 装卸桥——跨运车装卸工艺图

5.2 装卸桥——龙门起重机装卸工艺

1）装卸桥——轮胎式龙门吊装卸工艺

龙门起重机可以是轮胎式，也可以是轨道式的，目前在中国集装箱码头上主要采用轮胎式龙门起重机。同时，由于龙门起重机不能直接与装卸桥配合交接集装箱，所以这个方案还需要配牵引车挂车，即在码头前言与堆场之间，前方堆场与后方堆场之间，堆场与货运站之间需要牵引车挂车作水平搬运集装箱之用。其优点有以下几个方面。

（1）单位面积堆存量大：堆箱层数多。

（2）堆场面积利用率高：跨距内紧密堆垛。

（3）营运费用低：本系统虽初始投资大，但机械设备的维修管理费用低。

（4）易于实现自动化控制：便于电子计算机控制。

该工艺的缺点主要是龙门起重机作业的缺点，相对而言，轮胎式龙门起重机比轨道式龙门起重机具有更多优点，故应用最多。

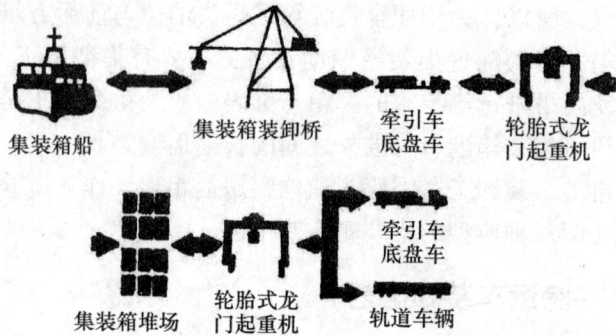

图 3-31　装卸桥——龙门起重机装卸工艺图

2）装卸桥——轨道式龙门吊装卸工艺

该工艺是将装卸桥——轮胎式龙门吊装卸工艺中的轮胎式龙门起重机换为轨道式龙门起重机而来，其优点是起重量较大，承载集装箱重量也较大；同时，也有缺点，如资金投入较大，对港口地面硬度要求高等。

5.3　装卸桥——正面吊装卸工艺

与叉车相比较，集装箱正面吊运机具有机动性强、稳定性好、轮压低、堆码层数高、堆场利用率高等优点，集装箱正面吊运机的装卸作业时吊具可以伸缩及旋转，能带载和变幅行走，能堆码多层集装箱及提箱作业，可以采用吊抓作业，有点动对位功能，可以进行其他货种的装卸作业等。但集装箱正面吊运机只能跨 1~2 箱作业，因而要求箱区小、通道多，且正面吊作业时，箱体需与吊运机垂直，因此对通道宽度的要求较高，场地利用率相对龙门吊要低。此外，正面吊单机效率低，一般需配备多台设备，初始投资成本高。

▶ 课堂活动 2

20×4 年 3 月 20 日，有一艘载重量为 3 万吨的集装箱船在钦州港卸船，随后转运至钦州港集装箱后方堆场储存 7 天，最后运往百色、南宁、崇左等地。请简单画出集装箱装卸工艺流程。

任务三 港口装卸设备选择的影响因素

李三发现不同货物码头的装卸机械设备有很大的区别，对于这一情况，他心里产生了困惑。请你从货物、运输工具、自然条件、港口建筑物和运输组织等因素分析装卸机械设备类型的选择。

▶ 相关知识

装卸工艺和装卸机械化系统是两个关系密切但又互不相同的概念。装卸工艺是指货物装卸的方法，装卸机械化系统则是用来实现装卸工作机械化的各种装卸机械及辅助设备的集成。例如，在件货装卸时，门座起重机可以和叉式装卸车配合组成一个机械化系统，但同一个"门座起重机—叉式装卸车"系统可以有几个不同的工艺方案：成组运输、成组装卸及堆存、散件装卸。

但必须指出的是，现代化的装卸工艺是以先进的装卸机械化系统为基础的，而且装卸机械化系统一经采用，更换比较困难，因此必须根据港口的具体营运状况和自然条件合理地设计机械化系统，特别要注意构成机械化系统主体的装卸设备类型的选择。影响装卸机械设备类型选择的因素大体包括货物、运输工具、自然条件、港口建筑物和运输组织等几方面。

1. 货物方面

表 3-1 是对不同货类所使用的设备的举例，不同的货物类型在装卸工艺中可让典型设备也有很大的差异。

表 3-1 不同货类所使用的设备举例表

货类	在装卸工艺中可使用的典型设备
集装箱	岸壁式装卸桥，堆场轮胎式龙门起重机
杂货	门机，船舶吊杆
木材	门机，堆场龙门起重机，木材抓斗
干散货	移动式卸船机，堆场轮式堆取料机
散粮	吸粮机，皮带机，斗式提升机
液体货	输送管道

货物方面要考虑的因素包括：货物特性、吞吐量和货物流向。

1.1 货物特性

货物特性在以下几个方面影响着机械设备的选择。

（1）货物的尺寸、重量、容重、形状和包装形式影响起重量的选择。例如，件货组的大小往往受舱口尺寸、构成货组的方便性和货物在运输及保管时的稳定性等条件制约，因此对积载因数大的"轻泡货"来说，选择起重量过大的起重机就会因起重量得不到充分利用而影响经济效果。

（2）货物品种的多样性要求机械具有通用性和灵活性，要求能同时从船舶和车辆装卸多个品种的货物，要求库场内有众多的货堆。在分票多、货堆小的时候往往会影响货堆的高度以及库场面积和机械堆高性能的充分利用。

（3）货堆的脆弱性和包皮的牢固性影响装卸方法和货堆高度，这就要求港口在装卸货物时选用最少"接头"的输送机系统，避免采用刮运或抛掷的原理来运移货物。受震易坏的货物，如收音机等不能用滑板装卸，焦炭不宜用抛射式平舱机，怕压的件货在库内堆存时要用货架。

（4）货物的冻结性和凝结性对设备的有效应用具有重大影响，如果设计时考虑不周，有时甚至使整个设备无法使用。例如，盐、化肥散运时会因凝结而结壳；煤炭、矿石在冬季运输时会冻结，而且水分越大，越易冻结。由于冻结的货物不能自流，影响到底开门车和露天地下坑道的有效应用。为了不使货物受冻或不使已冻的货物松碎，需要根据不同情况对散货进行脱水、加防冻剂、加热、用机械松碎等。

（5）货物的磨损性和腐蚀性会加速机件的损坏，因此需要特别的防护与维修。

（6）货物的易燃、易爆、扬尘性特性要求在设计装卸机械化系统时从安全、环保的角度采取有效措施。

此外，在设计机械化系统时，设计人员还需要考虑因特定货物引起的某些辅助作业设备的需要，如干燥、净化、精选、粉碎、分票、选材、称量、计数等设备。

1.2 吞吐量

吞吐量的大小关系到是否需要设置专业化泊位和采用专业化机械。港口的专业化生产是社会化大生产的产物，也是现代化大工业发展的客观规律和基本特性。专业化生产取得良好的经济效果，关键因素是要具备一定的产量。如果产量不足，专业化生产反而会因设备利用不足而提高成本。同理，吞吐量也关系到机械设备应具有的生产能力，从而影响到所需配备的机械设备的类型和数量。当吞吐量大时，应设置生产能力较高的机械设备以获得较高的港口通过能力；当吞吐量很小时，最好采用构造简单、造价低廉又能保持相当生产能力的机械化系统。对生产任务显著不均衡地受季节性影响大的货物而言，则要考虑泊位在空闲季节的充分利用问题。

1.3 货物流向

货物流向是影响机械设备选择的又一重要因素，水运货物是经铁路还是水路转运，是双向货流还是单向货流，货物是全部需要经过库场还是有很大比重直接换装，这些因素对机械设备选择都有很大的影响。

双向货流要求机械在装船与卸船的两个方向（船—岸和岸—船）都能进行工作，在这方面起重机系统较输送机系统优越。

货物是否经过仓库对机械化系统也有重大影响。货物完全不经过仓库，当然可以使机械化系统简单、经济，但是促使货物经过仓库的原因很多。例如，货物的特殊要求（木材的分类和加工、件货的分票、谷物的精选、干燥和熏蒸等），水陆同时装卸的货物品种不同，各种运输方式的工作期不一致，水陆运输工具未能同时到港以及它们的载重量相差悬殊等。而且，船舶装卸效率越高，组织直接换装越困难。

除此之外，货物方面还要考虑流量、流向的稳定程度，因为这些关系到是否适宜采用专业化装卸设备。

1.4　货物的始发地和目的地

货物始发地与目的地的不同涉及港口水深、装卸作业条件、港口使费水平、港口间的计费距离、航次作业时间的长短以及是否需要通过运河、航线上是否有加油港及当地的油价等众多因素影响航线成本与营运经济效益。显然，港口及航线条件好者因船舶经营者能以较低的成本获得较好的效益，其运费率亦应低于条件差者，这样有利于吸引更多的托运人。

货物目的地的不同，还可能影响到后续航次的再承运或再出租的机会以及期望运价和租金的高低。显然，具有再承运与再出租机会好者，其期望运价或租金亦高的目的地的航线其运价和租金亦应低于机会差的目的港。

货物始发地及目的地的不同，影响着两地集疏运条件的差别。显然，两地集疏运条件好者更能吸引货主。他们从全程运输角度衡量利益得失，必定乐意选择。即使水运段的运价或租金较高也乐意接受，否则，即使水运段运价或租金较低也会舍弃。

1.5　订解约日期与装货准备完成日期

订解约日期不同，当时的市场外部条件显然便会有较大的差异，市场供需情况会有不同，故订约日期和解约日期会影响运费率或租金的高低。

订约日期的不同对即期市场的运费率及租金的影响尤为明显，当前运费或租金的高低明显由当时的行情而定；至于解的行情如何，则要凭经营者的能力和经验进行判断与预测。可以肯定，解约期的市场行情必定会影响订约期的运费或租金的水平。

此外，合同期的长短不同，显然也影响着运价或租金的高低。众所周知，由长期的运输合同或租船合同洽商的运价或租金通常要低于短期合同。

至于装货准备完成日期反映了托运人或承租人对所需船舶的急需程度。若托运人或租船人希望能将货物早日装船，则很难找到合适的承运人或出租人，他们必定愿意付出较高的运价或租金，而船方也必定会采取一些为满足托运人或租船人要求的措施，如加快装卸速度或加快空航船舶的船速，以尽快赶到装货等，并为此而付出一定的代价，故双方洽商的运价或租金一定偏高。

2. 运载工具方面

运载工具主要包括船舶和车辆两个方面。

（1）船舶类型。

泊位长度主要根据船长决定，船宽关系到岸上机械的臂幅。船舷及上层建筑的高度决定起重机门架及输送机栈桥的高度和岸上机械具备升降式或伸缩式悬臂的必要性。舱口数影响岸上机械的数量，舱口尺寸影响作业方法和装卸效率，舱口面积与货舱面积之间比例的大小影响舱内作业效率，而舱内作业往往成为限制装卸效率的主要因素。船舱结构（舱内是否有支柱、隔板、轴隧，二层舱舱口围板是否平正，二层舱的高度等）影响舱内机械的采用。舱口位于上层建筑内的客货船要求采用特殊的装卸方法。在进行机械化系统的技术经济指标计算时，传统上根据设计任务中提供的设计代表船型，但工艺上往往不能满足于设计代表船型。一般来说，专业化的车型和船型有利于采用专用机械，有利于提高装卸效率。但由于我国车船类型比较复杂，存在着各种车船类型到港作业的可能性，因此设计机械化系统时通常需要考虑一定的灵活性。

（2）车辆类型。

关于车辆类型，除特定的情况外（如用自卸车运散货），我国目前还很少用某一种车型装运一种货物。因此，除有特殊要求者外，一般只需了解是否有棚车或有篷货车装运散货的情况。

3. 自然条件方面

自然条件对于机械设备的影响主要在水位和潮汐、地质和地形以及气象条件等方面。

（1）水位和潮汐。

我国海港的潮差一般不大，内河港口的水位差则很不相同，有的港口变化较小，有的则变化很大。水位变化过会使直立式码头的造价昂贵，使水工建筑投资增加；在斜坡式码头条件下，船舶与岸线相对位置变化很大，要求机械化系统能够灵活适应，既要保证高水位，又要保证低水位时的车辆与船舶装卸作业。

例如，需要地下建筑物，则须了解地下水位高度。地下水位高的港口在建造地下坑道时会增加施工方面的困难，影响地下坑道的经济合理性。

水流方向决定着船舶靠码头的首尾方向。在某些情况下，水流方向对工艺布置也会有影响。

（2）地质和地形。

地质条件对码头形式、结构、造价及机械设备的选用都有重大影响。例如，在土质不好的条件下安装重型机械或建造高大的贮货仓和油罐会遇到技术上的困难。即使技术问题可以解决，但是地基处理的费用将大大增加，从而影响设计系统的经济性在土质太坚硬（如钢渣填土）的条件下，挖掘工程量太大的机械化系统会给施工造成困难。在设计工艺方案时，应尽量利用原有地形条件，根据高站台、低货位、滑溜化等原则，利用货物的位能进行货物装卸。

（3）气象条件。

在经常下雨的港口，为解决雨天装卸问题，应研制和安装防雨的设备。北方港口要防止货物在严寒季节冻结，为此应采取相应的措施。冬季要封冻的港口，应考虑冰凌对码头形式和机械设备的影响。

4. 港口建筑物方面

港口建筑物对机械设备的影响主要在岸壁形式和码头结构、仓库类型及位铁路和公路与码头的相对位置三个方面。

（1）岸壁形式和码头结构。

岸壁形式有三种：直立式、混合式和斜坡式。混合式中又因其直立段的位置而分为半斜坡式和半直立式。

直立式岸壁造价高于混合式，混合式岸壁造价则又高于斜坡式岸壁。直立式岸壁和斜坡式岸壁造价的差额随着高度的增加而显著增加。在地质条件不好时造价差额更大，因为地质条件对斜坡式岸壁的影响远较直立式岸壁小。

海船泊位一般用直立式岸壁，因为如用斜坡式岸壁或混合式岸壁，船舶吊杆和起重机都会因海船吃水深，船岸间距离大而难以作业。但散货专业泊位也常用斜坡式岸壁和混合式岸壁。除岸壁形式外，码头本身结构的强固程度对机械的选择也有巨大影响。我国港口旧码头一般承载能力小，在这些码头上使用重型机械设备就非常困难。在分析和设计我国港口旧码头上的机械化系统时，专业人员对这方面的情况必须予以注意。

（2）库场类型及位置。

库场地面的允许负荷和平坦程度、仓库的高度、支柱的多少、库门的尺寸等都影响着流动机械类型的选择。库场的平面尺寸和形状影响到某种特定情况下选某种类型的机械是否恰当。库场和码头的相对位置决定着货物的搬运距离，影响着各种流动机械的使用效果。

（3）铁路和公路与码头的相对位置。

铁路线与地面的高度差影响着流动机械的应用。铁路线和公路与码头平面相对位置对机械设备的选择也有影响。机械化系统的设计要尽可能避免陆上运输工具对装卸工作的干扰。

5. 运输组织方面

车船运输组织的特点是选择装卸机械类型，这是决定工艺方案的又一重要因素。例如，有的港口船舶要候潮进出港，船舶作业时间和装卸船机械的生产率因而和潮汐的周期相联系。

同理，铁路的成组编解或整列到发等运输组织方面的要求都要考虑到。除以上所述的条件外，还要注意港口作业频繁、对生产率要求高等特点，同时机型选择还受到我国港机生产和维修水平的制约。

6. 竞争对手方面

在市场经济条件下，竞争对手的多少，他们实力的大小以及自己在市场地位中的实力，对于运费率或租金的高低影响极大。前文已提及，在垄断市场条件下，运价或租金比较稳定，而在竞争对手众多的自由竞争条件下，强者通过操纵运价或租金等手段来击败弱者，其中压价的竞争手段尤为普遍。

在运输市场中，竞争对手不仅有不同的航运经营者（承租人或出租人），还涉及航运经营者与其他运输方式经营者之间的竞争，他们各自通过调整运价和租金的高低来保证自己能够取得尽可能大的货运份额，多种形式之间的竞争还导致对回扣水准的调整。

7. 其他因素

其他因素包括有关法规的约束和影响，同其他经营人订立协议的约束和影响、同货主集团或贸易集团的关系以及预期的汇率变动的影响等。

众所周知，航运业尤其是国际航运业已越来越受到各国政府的干预和保护，故政府的各种措施都会影响到运价或租金的水平。例如，越来越多的政府对其某些航线的运费率加以控制或施加影响；某些国家的营运补贴有助于降低运费，鼓励与对手进行竞争等。

在某些竞争激烈又势均力敌的特定范围内，众多的竞争者为防止彼此之间因竞争带来的经济损失，往往通过协商，在签约成交之间达成统一的运费率标准等。另外，有些货主集团或贸易集团为保护其成员的利益，往往限制其成员接受不适当的运价或租金，以抵制航运经营者任意减价活动等。在汇率波动幅度较大的时期，航运经营者为避免汇率风险所造成的经济损失，往往要在制定运价和租金时加以考虑，或在合同附则中补充特别规定等。

▶ **实训任务三**

有一艘集装箱船靠泊 B 港，集装箱卸下后经码头直接转移至后方堆场堆存。假设 B 港现有的所有装卸设备均可安排使用，包括集装箱叉车、集装箱正面吊运车、底盘车、牵引车、轨道式龙门吊、跨运车这几种装卸机械。

请查阅以上设备相关价格信息，设计一个成本最低的装卸方案。

◆──《课后练习》──◆

一、单选题

1. 码头前沿进行集装箱船舶装卸的专用机械是（　　）。
   A. 岸边集装箱起重机　　　　　　　　B. 叉车
   C. 挂车　　　　　　　　　　　　　　D. 抓斗

2. 以下港口装卸机械属于通用型机械的是（　　）。
   A. 岸桥　　　　　B. 龙门起重机　　　C. 门座式起重机　　　D. 跨运车

3. 专门用于集装箱堆场集装箱堆、拆垛作业的机械是（　　）。
   A. 岸桥　　　　　B. 龙门起重机　　　C. 挂车　　　　　　　D. 抓斗

4. （　　）大小关系到是否需要设置专业化泊位和采用专业化机械。
   A. 吞吐量　　　　B. 装货量　　　　　C. 卸货量　　　　　　D. 操作量

5. 泊位长度主要根据（　　）决定。
   A. 船舶宽度　　　　B. 船舶长度　　　　C. 船舶高度　　　　D. 吃水深度
6. 下列不属于自然条件对于港口装卸机械设备选择的影响因素的是（　　）。
   A. 水位潮汐　　　　B. 地质地形　　　　C. 水文气象　　　　D. 码头结构
7. 以下属于散货卸船机械是（　　）。
   A. 平舱机　　　　B. 链斗起重机　　　　C. 堆料机　　　　D. 取料机
8. （　　）是指对于劳动强度大、工作条件差、搬运、装卸频、动作重复的环节，尽可能采用有效的机械化作业方式。
   A. 安全质量原则　　　　　　　　　B. 充分利用设备原则
   C. 减少作业数原则　　　　　　　　D. 高效作业原则
9. （　　）是指装卸工艺的涉及应保证船舶和车辆的装卸能力得到充分发挥，达到缩短车船在港停留时间。
   A. 安全质量原则　　　　　　　　　B. 充分利用设备原则
   C. 减少作业数原则　　　　　　　　D. 高效作业原则
10. 装卸桥——轮胎式龙门吊装卸工艺的优点不包括（　　）。
    A. 单位面积堆存量大　　　　　　B. 堆场面积利用率高
    C. 运费较高　　　　　　　　　　D. 易于实现自动化控制

二、多选题

1. 种类繁多的装卸工具大致可以分为（　　）两类。
   A. 通用工属具　　B. 专用工属具　　C. 一般工属具　　D. 特殊工属具
2. 影响港口装卸机械工艺的因素主要包括（　　）。
   A. 货物　　　　B. 运输工具　　　　C. 自然条件　　　　D. 港口建筑物
3. 根据在货物运输过程中装卸、搬运方式的不同，可以分为（　　）等不同种类，不同的货物类型要有适合于对应的装卸机械设备。
   A. 件杂货　　　　B. 木材　　　　C. 散货　　　　D. 集装箱
4. 货物的（　　）将影响装卸方法和货堆高度。
   A. 脆弱性　　　　B. 包装牢固性　　　　C. 重量　　　　D. 形状
5. 在选择工艺方案时应尽量利用原有地形条件，根据（　　）的原则，利用位能进行货物装卸。
   A. 高站台　　　　B. 低站台　　　　C. 低货位　　　　D. 滑溜化

三、简答题

1. 简述港口装卸工艺合理化原则。
2. 简述港口装卸设备选择的影响因素。

四、操作题

铁山港是一个集装箱、件杂货和液体货物的综合性港口，请结合铁山港的实际情况列举出需要配备的装卸机械。

项目四

港口生产与调度

▪▪ 学习目标 ⌐

一、知识目标

1. 了解港口生产与调度的基本知识

2. 掌握港口生产与作业计划

3. 熟悉港口生产经营各项统计指标

二、能力目标

1. 能合理组织港口生产作业

2. 能正确计算港口生产经营的各项指标

三、素养目标

1. 培养学生的实践动手能力，强化社会责任意识

2. 增强物流成本意识，提高学生的财经素养

3. 培养严谨认真的港口工匠精神，正确核算港口各项经济数据

▪▪ 思维导图 ⌐

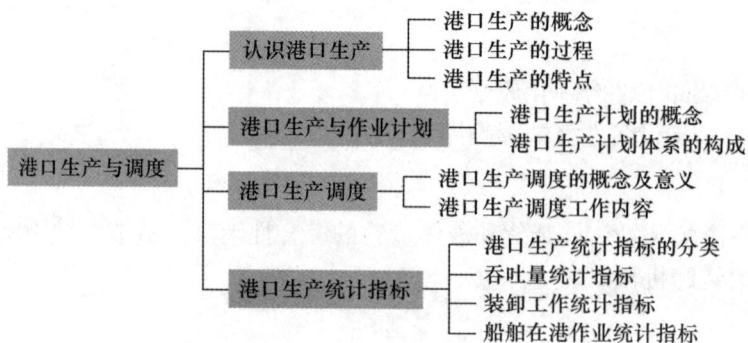

任务一　认识港口生产

港口每天到港船、货物络绎不绝，为了保障港口物流生产活动，使港口生产活动秩序井然，主管安排李三制定港口生产计划安排，保障物流生产活动的规模与能力。李三有点疑惑，港口生产是什么？

▶ 相关知识

1. 港口生产的概念

港口的生产经营是指为港口货物（及旅客）在港口的换装（换乘）过程提供换乘（或装卸）的生产经营活动。它是港口最基本、最原始的功能，也是港口企业最基本的生产经营活动。

任何与货物（及旅客）在港口的换装（换乘）过程提供服务有关的活动，均是港口生产经营活动，这些经营活动构成了港口企业生产领域内经营活动的主体。

2. 港口生产的过程

港口企业的生产过程是由一个或一个以上的操作过程所组成的。由于运输组织、运输工具的衔接等因素，货物经过港口有两种方式。第一种是直接方式：将货物直接从一种运输方式转换为另一种运输方式，或同一种运输方式的直接转换，如船→船，而不进入库场保管的装卸过程；第二种是间接方式：将货物从运输工具上卸下来，在港内仓库（堆场）存放一段时间后，再转换到其他运输工具上的方式。由于受船、车、港、货的不平衡特点的影响，港口装卸作业大部分是以间接方式进行的。

港口生产过程是从车船到达，在港进行装卸等各项作业、货物在不同运输方式之间完成的换装组织过程。按程序可划分为生产准备过程、基本生产过程、辅助生产过程和生产服务过程四个阶段。

2.1　生产准备过程

生产准备过程是指基本生产活动之前所进行的全部技术准备和组织准备工作。包括以下几个方面。

（1）编制装卸作业计划。

（2）确定货物操作过程及装卸工艺。

（3）确定和准备装卸地点、库场、工具。

（4）准备装卸机械和货运文件等工作内容。

2.2　基本生产过程

基本生产过程即货物在港里所进行的装卸过程又叫货物的换装过程。

基本生产过程包括卸船过程、装船过程、卸车过程、装车过程、库场作业过程、港内运输以及其他生产性作业。

港口生产过程至少由以上一个操作过程组成。其作业过程可划分为五个工序：传递作业工序；起落舱作业工序；水平搬运作业工序；车内作业工序；库内作业工序。

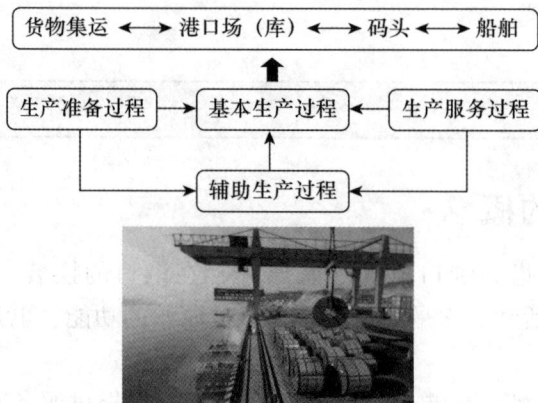

图 4-1　港口物流生产过程

2.3　辅助生产过程

辅助生产过程是指保证基本生产过程正常进行的所必需的各种辅助性活动。

其主要包括装卸机械的维修保养、装卸工具的加工制造管理、港口设施维修、动力供应、装卸工作结束后的整理工作等内容。

2.4　生产服务过程

生产服务过程是指为保证生产过程和辅助生产过程顺利开展所进行的各种服务性活动。主要包括理货业务、仓储业务、计量业务。

▶ **课堂活动 1**

请判断以下作业内容分别属于港口生产的哪一过程？

（1）确定和准备装卸地点、库场、工具。

（2）船舶燃料和淡水等的供应。

（3）装卸船作业。

3. 港口生产活动的内容

（1）货源组织。对港口经济腹地进行调查，与货主建立业务上的联系，了解货物与装卸储存相关的特性和客户的服务要求，达成货物在港口的装卸意向或协议。

（2）针对货物特性和客户的服务要求，研究确定装卸工艺。即确定车船装卸操作方法和规范、货物储存保管方法和标准；制定安全操作规定、货运质量控制标准（要求）；准备相应的装卸作业机械、装卸工属具、装卸操作的人力资源。

（3）制定装卸作业计划。计划通常有月度生产计划、旬或周生产计划、昼夜生产计划，对各种准备工作提出了时间要求。

（4）组织并进行货物各种换装所需的装卸作业。

（5）进行货物的验收、交付和保管，主要由理货部门实施。货物的验收、交付与装卸作业同时发生。

（6）在港口供应船舶燃料、物料、淡水以及船员生活必需品等。通常，由专门供应机构操作。

上述是以货源组织为港口最重要的生产经营活动，各种货物换装所需的装卸作业和货物的储存保管是港口最根本的生产活动。

4. 港口生产的特点

4.1 高度连续性和比例性

由于港口昼夜不间断地进行装卸作业，所以要求港口生产的各环节、各工序之间在时间和空间上都要紧密衔接，具有连续不间断作业的能力，并要求港口、船舶、货物保持一定的比例关系，既要求船、港能力能适应货物运输的要求，保持适宜的比例关系，也要求港口内部各生产环节的能力具有合理的比例。

4.2 复杂性

港口的服务对象不仅有货物，还有各种类型的船舶和其他运输工具。无论是货物，还是船舶或其他运输工具，所要求服务的种类总是多样复杂的。货物除了一般的装卸、储存、计量等项目外，还有检验与加工、杀虫、加固、捆绑、重新包装等；对船舶服务除了通常的项目外，还要求港口为船方提供修理服务、技术供应、食品淡水供应等，有的还要求各种代理业务、法律服务以及旅游服务。因此，港口必须建立一支门类齐全的队伍，以满足船、货等方面对港口服务的要求。

4.3 协作性

由于港口是多种运输方式的汇聚点，有许多企业和管理机构在其中运作。从港口企业的外部来看，既要和集疏运部门、船东、货主密切联系，又要和海关、边防检查、检验检疫、海事、引航、船舶供应等部门相协调；从港口企业的内部来看，要协调装卸、库场、理货等部门各工种的作业，使其形成一个有机的整体。所以港口生产是多部门、多环节、多工种内外协作的过程，具有明显的协作性。

4.4 不平衡性

由于货流的不平衡和运输生产的不平衡，到港货物和船舶会呈现出非均衡性，如运输货物的运输工具的到港时间；运输工具所载货物的品种、数量、包装、流向和货物的分布；运输工具在港口的作业时间等，这些随机性导致了在港的运输工具对港口生产能力需求的不平衡，其结果是港口生产忙闲不均，船货衔接难以做到直接对口。此外，在不同运输工具之间的换装过程中由于不同运输工具在技术条件运行组织及载货量上的差异，货少时，港口生产设备和人力因得不到充分利用而造成生产能力的浪费；货多时，如果需求超过了生产能力，就会出现压船压货、船舶排队现象，以至造成运力的浪费，出现不协调现象，而港口库场则正好在船、货之间和运输工具之间，起到调节和缓冲作用。

4.5 相关性

港口生产活动受地区经济、国家经济，甚至是世界经济的影响与制约较大。由于国民经济各部门的生产数量和产品结构经常性地调整变化，原料、燃料和产品的供需情况也在不断变动，外贸市场更是瞬息万变，自然灾害又很难预测。因此，港口生产任务，包括数量、结构、流向不可避免地要受客观因素的影响，随着外界因素的变化而经常变动。

4.6 集聚性

港口作为运输的枢纽、货物的集散地，物流信息聚集于港口并从港口扩散，通过信息引导，使货物有序地转移。因此，港口生产企业对运输过程中所产生的信息流的管理提出了很高的要求，只有港口生产企业的信息流保持通畅，才能保证港口生产的顺利进行，保证来港车、船能及时装卸，减少车船的在港停留时间。

4.7 层次性

目前，中国港口生产调度方式普遍采用两层管理模式，即港务局（或港口集团公司）和下属装卸分公司。不同层次上的生产调度职能有较明确的分工。虽然这种模式有利于整个港口资源的合理调配，但也会对不同层次之间工作协调的有效性和及时性造成困难。

任务二　港口生产与作业计划

由于港口企业生产过程受船、车、港、货不平衡特点的影响，港口装卸作业大部分以间接方式进行。根据这些间接方式，主管安排李三根据收、发货人和外代提供的船货计划，编制港口装卸作业计划。请思考哪些因素会造成的港口车、船、货之间的不平衡性？港口装卸作业是如何进行的？

▶ 相关知识

1. 港口生产计划的概念

港口生产计划是对货物在港生产过程的规划与组织。港口生产活动涉及面广，即涉及港口内部的各个生产环节，又涉及国民经济各部门。因此，要完成一次港口生产作业，必须将船、货、车、装卸设备及相关工作人员等进行有效衔接。而将这些复杂的技术设备及繁多的人员组织在一起，高效协调地开展港口生产作业，就必须进行严格的计划管理。所谓计划管理，是指通过对计划的编制、执行和控制来组织、协调港口的生产经营活动，以保证完成港口生产作业任务，从而获得自身良好的经济效益，实现港口企业的经营方针和目标。

2. 港口生产计划体系的构成

2.1　港口年度生产计划

港口年度生产计划是港口计划管理体系的重要组成部分。它为基本建设、劳动工资、物资供应、财务成本等各项计划的编制、执行提供了主要依据，是港口进行计划管理的关键。

港口年度生产计划主要包括港口吞吐量计划、港口装卸工作计划、集装箱运输量计划、机械运用计划、堆存工作计划和驳运工作计划等。

（1）货物吞吐量计划。

货物吞吐量计划是编制其他各项专业计划的重要依据。货物吞吐量计划的唯一指标是货物吞吐量，货物吞吐量是计划期经由水路运进、运出港区范围并经装卸的货物吨数。它是衡量港口生产任务大小的主要数量指标，也是计算港口劳动生产率、财务收入的主要依据。货物吞吐量的货类构成及其主要流向，反映了地区之间的经济联系、腹地生产配置以及对外贸易的情况，也反映出港口在国内外物资交流中的地位和作用。

计划年度货物吞吐量主要包括两个部分，即港口直接腹地的进出口量和通过腹地的进出口量。对于大型的枢纽港，中转物资占有很大比重。确定计划年度的吞吐量，需要进行深入、周密的市场研究，分析港口腹地与港口的经济关系，掌握货物吞吐量变化的一般规律，对货流做出准确的预测。

（2）年度装卸工作计划。

装卸工作计划的基本任务，是根据港口货物吞吐量计划，对港口装卸作业进行合理安排，确定企业为保证港口吞吐量计划的完成，各方面工作应达到的水平。包括拟订各类货物的装卸操作方案，计算操作量，确定劳动力需要量、机械化程度和车、船在港停留时间等。

2.2 港口生产作业计划

生产作业计划是生产计划工作的继续，是把年度生产计划的具体计划。简单地讲，就是把年度任务具体分配到每一个人，每一台设备，每个具体时期内的生产任务做出详细的规定。使年度生产计划得到落实，通过一系列的计划安排和生产调度工作。保证每一个生产环节在品种、数量和时间上相互协调和衔接，从而获得自身的良好的经济效益。其主要包括港口月度生产计划和旬度作业计划、港口昼夜分班作业计划、单船作业计划。

1）月度生产作业计划

港口月度生产计划是为了保证年度生产计划任务完成而制定的，包括港口月度吞吐量计划和港口月度装卸工作计划。

表 4-1 港口月度货物吞吐量计划

货类	本期计划										
	总计	外贸			内贸						
		合计	其中		合计	其中				其中	
			进口	出口		进口	沿海	内河	出口	沿海	内河
煤炭											
金属矿石											
石油											
钢铁											
矿建											
粮食											
集装箱											

（1）港口月度吞吐量计划。

港口月度吞吐量计划，指标主要是货物吞吐量和集装箱吞吐量（即标准箱量）。是依据各码头综合通过能力和船公司提供的月度船期表编制，由月度船舶密度表和船舶月度计划表构成。

密度表反映码头月度总的船舶靠泊情况，显示每天抵港船舶的船名、航次等。计划表包括船名、航次、航线、经营人、抵港时间、离港时间、进出口箱量等内容。

（2）港口月度装卸工作计划。

港口月度装卸工作计划，指标主要是装卸自然吨、操作量、操作系数、装卸工时效率。其是为了确保吞吐量计划的完成，在吞吐量计划确定后，由港口计划部门或调度部门编制的。

表 4-2　港口月度装卸工作计划表

项目	单位	实际	计划	其中				
				1 区	2 区	3 区	4 区	……
吞吐量								
装卸自然吨								
直取作业比重								
操作系数								
操作工时效率								
机械化作业比重								
船舶每次作业停泊时间								
……								

2）港口旬度作业计划

港口旬度作业计划是月度生产作业计划的具体化，是保证完成月度作业计划的重要手段。旬度作业计划基本上确定了船舶的装卸货种、数量、流向及靠泊码头等，它的主要指标有装卸自然吨，港务局业务范围内的吞吐量、货运量、客运量、船舶平均在港装卸停泊天数等。

3）昼夜分班作业计划

港口昼夜分班作业计划规定了昼夜内港口生产作业内容，它不仅规定了该昼夜及每一班的工作量与工作性质，还规定了一定的组织方法以及港口各种技术设备与劳动力的合理使用方法。它是港口各级生产调度部门进行生产组织和指挥的主要依据，是对港区昼夜 24 小时连续不间断生产的具体安排。在该作业计划中，不仅对本船的装卸顺序、作业地点、操作方法等都做了明确规定，而且对每艘船、每辆车的作业方法、使用的机械设备以及人力的配备等都做了合理安排。

4）单船作业计划

由于月度、旬度、昼夜等计划是以装卸货物编制的，而集装箱码头的生产是围绕船舶展开作业的。因此，还应以船舶（一艘具体的船）为对象，从船舶进港靠岸起直至装卸结束出港为止的整个时间序列，编制一个流水生产作业计划——单船作业计划。单船作业是港口生产的基本单元，是港口装卸生产作业的基础。制定单船作业计划时，要详细规定船舶必须在港进行的全部作业项目，作业程序和作业时间。包括装卸作业、船舶技术作业、船舶辅助作业。

任务三 港口生产调度

现有一艘船装有 24 000 吨袋装化肥，该船共分 5 个舱，1~5 舱舱量依次为 3600 吨，7200 吨，3900 吨，4800 吨，4500 吨，现在卸船入库，以 40 包为一钩，每钩 4 吨重。其工艺流程为：船—船吊/门机—拖车—叉车—库。其中，门机额定起重量 8 吨，操作周期 180 秒。船吊额定起重量 4 吨，操作周期 90 秒。叉车额定起重量 8 吨，操作周期 120 秒。李三作为调度员，需根据卸船工艺合理安排人机作业，计算需要多少人员分别操作哪些设备。

► 相关知识

1. 港口生产调度的概念及意义

1.1 港口生产调度的概念

港口生产组织是从接待船舶开始，经过船舶装卸，再到送走船舶结束的一个生产周期。船舶连续不断地到达，经过装卸以离去，因此港口生产便是一个周期接一个周期地进行下去。生产过程组织就是研究从船舶到达，在港口装卸作业，货物在不同运输方式之间完成换装的组织过程。

港口生产的组织实质是通过人的思维对过种生产要素进行合理的组合的过程。所谓合理的组合就是根据一定的组织原理进行统筹安排，使港口各环节的能力与船舶流、货物流在空间上、时间上、经济上得到统一。港口调度就是保证港口企业生产计划组织实施而进行的一系列部署和指挥、检查和督促、协调和平衡的总称。

1.2 港口生产调度的意义

生产调度指挥系统是现代化大生产发展的客观要求，是实现港口企业持续均衡生产，协调各生产环节的有力保证，是对企业生产过程直接进行控制和调节，组织实现生产作业计划的主要手段，是提高企业经济效益的有效组织技术措施。港口企业应有一个强有力的生产调度指挥系统，对港口装卸生产作业进行统一部署指挥、检查和监督。

港口生产调度指挥系统的功能，可以概括为三个方面，一是港口生产作业的组织功能，负责贯彻执行国家运输政策，既要协调、平衡和处理港口内部不同环节之间的关系，又要协调、平衡和处理港口内部与外部各有关部门之间的关系；二是港口生产组织的参谋功能，负责对港口生产过程进行统计分析，为各级领导管理生产和进行经营决策提供决策支持；三是港口生产的指挥功能和生产作业计划的保障功能，具体负责实施生产作业计划，昼夜不间断地对装卸生产进行指挥，组织港内各个环节的生产能力，做好生产能力与装卸任务的平衡，协调各种运输工具的衔接，掌握和检查车、船装卸作业进度，解决装卸生产过程中出现的各种问题，保证整个港口装卸生产均衡而有节奏地进行。

2. 港口生产调度工作内容

港口生产调度的工作内容一般分为港口调度、拖轮调度及引航调度。

2.1 港口调度

港口调度简称"港调"，是指挥和安排船舶停靠、货物集散和装卸作业的机构或人员，是港口运转的操纵部门。其指挥的正确与否，对港口生产秩序和港口通过能力产生直接影响。

港口调度的主要工作内容有以下几方面。

（1）制定船舶靠泊计划，并组织全面完成计划任务。

（2）按照装卸工艺方案，合理利用劳力、机械、泊位、库场及其他设备，充分发挥和扩大港口通过能力，努力缩短车船停港时间。

（3）根据货流、货种、车船到港变化情况，平衡调整各作业区的作业安排，组织均衡生产，保证船舶作业安全，提高货运质量。

（4）掌握车船装卸进度和货物集中情况，联系铁路、航运和物资部门，搞好车、船和衔接。

（5）编制保专线、班轮、成租、集装箱、特运、成套设备和长重大件为重点的装卸方案，并组织实施。

（6）检查安全生产及客货运输质量，分析存在的问题，提出改进措施。

（7）负责联系有关运输船舶的燃物料、淡水、伙食等项供应和船舶临时修理工作（船籍港除外）。

（8）负责各调度会议汇报安全、生产、客货运输质量情况和存在的问题，监督检查生产决议的执行情况。

（9）负责日常生产快速统计和生产日报编制工作。

（10）按旬、月作出调度工作小结，总结推广先进经验，不断提高调度工作水平。

（11）组织合理运输，按计划组织货物集中和疏运、合理使用场库，努力扩大场库通过能力。

（12）有外轮装卸任务的港口，每天将旬计划内的外贸船舶靠泊、装卸和预计离港日间的动态报告各外轮分公司。

2.2 拖轮调度

到港船舶在进行进港、出港与移泊作业时，通常都需要拖轮调度人员为船舶配备满足要求的拖轮以帮助船舶完成作业。在这种情况下，拖轮成了传统调度问题中的位置可变的可移动的"机器",为作为调度问题中的"工件"的到港船舶提供服务。

拖轮调度的基本工作内容有以下几个方面。

（1）负责组织实施拖轮的生产计划，确保全年生产任务的完成。

（2）掌握全港生产动态，各用船单位保持通讯联络畅通，对拖轮需求情况做到心中有数。

（3）掌握拖轮在航情况，根据港务公司及用户需要选派拖轮作业。

（4）负责处理生产作业中出现的问题，协调与用户的业务关系，确保用户满意率达99%以上。

（5）负责调度室对外事务联系、协调与各方面的工作关系。

（6）负责收、记气象海况预报，遇恶劣天气及时向在港拖轮发出通告。

（7）若有外轮要进出港时，调度人员要及时向边防提交申请，以免耽误生产。

（8）负责安排各船停、修、上油、上水、停靠泊位等事宜，均衡组织生产。

（9）负责接受用户对拖轮服务质量的投诉，能解决的当场解决，不能解决的上报有关领导，在最短的时间内给用户满意的答复。

（10）在紧急情况下有权调动拖轮进行抢险救助。

（11）负责对执行长航任务或往返异地修船的拖轮保持通讯联系并将航行情况及时报告。

2.3 引航调度

引航调度就是专门负责指派引航员从事船舶引领工作。引航调度是整个引航安全生产的中枢，是对外展现引航形象的窗口。它担负着受理引航业务申请、安排引航计划和指派引航员的任务。引航调度部门是与海事部门、港航企业、引航员以及与内部部门联系的枢纽。

引航调度的基本工作内容有以下几个方面。

（1）接受船舶进出港动态，掌握进出船舶的基本资料，如总长，总吨，吃水等。

（2）每天按时接受天气预报，有异常天气及时向当值引航员通报。

（3）掌握当值引航员值班情况，接到引航任务后根据《引航员调配程序》通知当值引航员登轮引航。

（4）及时了解助航仪器的工作状况及存放地点，发现问题及时报告，确保引航工作的顺利进行。

（5）负责引航员用车的调配，保证引航员准时上下船。

3. 港口生产调度的工作制度及工作职责

目前，我国港口生产调度工作主要是通过编制生产作业计划，召开各类生产调度会议以及现场调度指挥来开展的。

3.1 港口生产调度会议制度

所谓调度会议制度，就是港口企业在每月固定时间、召开由固定人员参加、有固定内容和议题的会议，解决固定生产问题的制度。世界各国的港口企业，都不同形式地采用调度会议制度，组织港口装卸生产。港口生产调度会议制度是根据港口生产经营的特点和要求确立的，是做好港口生产调度工作的重要保障，其作用有以下几个方面。

(1) 通过各种生产调度会议布置港口的月度、旬度和昼夜等生产作业计划。

(2) 检查和总结前期各生产作业计划的完成情况以及安全质量情况。

(3) 协调港、航、车、货等各方面的联系与配合，保证装卸运输的顺利进行。

(4) 抓好重点船、重点舱和重点货的装卸任务。

港口企业建立调度会议制度的目的，是为了根据实际情况的变化进行企业相应的资源配置。港口企业随需求的变化，资源配置经常需要进行相应的变化，而这种资源配置的变化需要企业各生产管理部门的知情和协调配合。各类调度会议就是由企业各生产管理部门的相关主管参加，向其说明实时需求变化情况，告知需要变动的配置资源的会议。通过一系列调度会议，可以贯彻企业整体生产计划，调动配置企业的各类资源，完成企业生产任务。

由于港口生产调度会议是围绕着码头生产作业计划的制定、布置和生产作业计划完成情况的反馈而召开的，所以码头生产调度会议也相应也划分为月度生产会议、旬度生产会议和每日生产会议（包括交接班会、生产计划预编会和生产会等），另外根据港口特殊的装卸任务也可临时召开一些生产会议。各港口企业调度会议制度有区别，其主要形式如表4-3所示。

3.2 港口生产调度工作职责

(1) 编制生产作业计划：根据运输任务，审核并平衡港口作业区（或装卸公司）的吞吐量计划，具体编制月度、旬度和昼夜生产作业计划，并全面组织计划的实施。

(2) 合理调度生产能力：按照装卸工艺方案，合理利用劳动力、机械、泊位、库场及其他设备，充分利用港口通过能力，努力缩短车、船停港时间。

(3) 组织均衡生产：根据货流、货种、车船到港变化情况，平衡调整作业安排，组织均衡生产，保证船舶作业安全，提高货运质量。

表4-3　某港口生产调度会议一览表

会议名称	召开时间	主持人	参加者	会议内容
月度生产平衡会	每月一日	公司经理（或业务副经理）	公司各科室（队），有关部门负责人，航运、铁路、货主等有关协作单位的代表	(1) 传达集团公司对本月港口工作的指示和有关措施要求，协调码头与其他协作单位的联系与合作。 (2) 总结上月各项生产任务完成情况，下达本月任务，并提出有关措施和要求。 (3) 检查安全质量情况，分析薄弱环节，总结经验教训，研究重点对策与措施。 (4) 针对本月生产特点，决定采取必要的技术措施和组织措施，由公司各责任部门分别负责贯彻实施

会议名称	召开时间	主持人	参加者	会议内容
旬度生产会议	每旬第一天上午8:00	业务副经理（或调度室主任）	同月度生产会议	（1）传达上级对码头工作的指示和要求，检查上一旬生产任务完成情况和安全质量情况，布置本旬生产任务和安全质量要求。 （2）听取公司各部门生产和安全质量的情况汇报，了解须经公司领导协调、解决的生产和安全质量方面存在的问题。 （3）针对存在问题及本旬生产任务、要求和特点，提出相应的意见和决定。 （4）总结生产和安全质量工作的先进经验，并组织推广
调度交接班会	每日上午8:00	调度室值班主任	调度室计划员、调度员，以及商务、技安、机电、机械、库场、理货等有关责任人员	（1）通报上一昼夜码头生产任务完成情况和安全质量情况，尤其是重点船、重点作业线的装卸工作有关情况。 （2）布置本昼夜生产计划任务和各项安排，提出本昼夜装卸生产有关注意事项，如重点船、重点货、安全质量、协作平衡等。 （3）有关职能部门汇报上一交接班会有关决定、措施的落实情况，针对存在问题和本昼夜生产作业事项，由调度室主任作出相应决定、措施，分头贯彻落实。 （4）接班人员对交班情况提出咨询、意见，全面掌握有关信息，做到胸中有数
昼夜生产计划预编会	每日上午10:00	调度室主任	调度室值班主任，调度计划员，以及客户服务、工艺、技安、机械、库场、理货等有关部门负责人	（1）由调度计划员通报下昼夜生产作业预编计划以及劳动力、机械、泊位、库场初步安排情况，提出重点任务、安全质量注意事项以及车船货衔接要求。 （2）各有关部门对昼夜生产作业预编计划提出意见和建议。 （3）由调度室主任归纳总结、协调平衡，确定下昼夜生产作业计划，布置各有关部门做好准备工作
四十八小时计划预编会（港、航、货三方平衡会）	每隔一天的下午3:00	调度室主任	调度值班主任、调度室计划员、有关运输和货主单位代表。	（1）由调度计划员通报48小时内到港船舶的预报时间、货种、数量、收货人等情况，并提出初步安排意见和对航运、货主有关单位的协作要求。 （2）航运、货主等协作单位提出货物流向、接运方式、特殊装卸要求以及其他业务协作事项。 （3）经港、航、货三方研究、协调、平衡，确定初步工作安排，分头落实

续表

会议名称	召开时间	主持人	参加者	会议内容
昼夜生产会议	每日下午2：00	公司业务副经理	调度室主任、调度室计划员、调度室调度员以及商务、工艺、技安、机械、装卸、库场、理货等部门负责人	（1）由调度室值班通报本昼夜生产计划完成情况和安全质量情况以及生产会议有关决定的执行情况。 （2）由调度室计划员通报下昼夜生产作业计划安排，安全质量措施和有关注意事项。由工艺员提出下昼夜重点船、重点货的操作意见。 （3）有关职能部门对昼夜生产作业计划的编制提出意见和建议。 （4）经讨论、协调、平衡，由公司业务副经理（或调度室主任）作出有关生产会决定
工班会	每日三班下班前一小时	调度室值班主任	调度员、单船指导员以及装卸、机械、库场、理货等部门有关人员。	（1）传达生产会决定和港区领导有关指示。 （2）通报本工班生产作业进度和安全质量等情况。 （3）布置下一工班生产作业任务，落实重点船、重点舱、重点货物的作业安排以及安全质量措施，并进行配工。 （4）单船装卸指导员会同装卸、机械队长布置各工组开好工前会
重点船（重点货）船前会	船舶抵港开工前	调度室主任（必要时由业务副经理主持）	公司有关职能部门负责人。有关货主单位和运输单位代表	沟通港、航、货等有关单位的情况，落实货物流量流向，确定接转方式，接运工具和卸载方案，预定开工时间，明确各方面的责任，分头贯彻落实

（4）掌握装卸进度：掌握车、船装卸进度和货物集中情况，联系铁路、航运和物资部门，搞好车、船、货衔接。

（5）编制装卸方案：编制以专线、班轮、成组、集装箱转运、成套设备和长、重、大件为重点的装卸方案，并组织实施。

（6）保证运输质量：检查安全生产及客货运输质量，分析存在的问题，提出改进措施。

（7）联系船舶供应：负责联系有关运输船舶的燃物料、淡水、伙食等项供应和船舶临时修理工作（船籍港除外）。

（8）检查生产执行：负责向调度会议汇报安全、生产、客货运输质量情况和存在的问题，监督、检查生产决议执行情况。

（9）负责统计工作：负责日常生产快速统计和生产日报编制工作。

（10）出调度小结：按旬、月作出调度工作小结，总结推广先进经验，不断提高调度工作水平。

（11）合理组织集疏远：组织合理运输，按计划组织集疏运，合理使用库场，努力扩大库场通过能力。

3.3 港口生产调度工作要求

其总的要求是依据生产调度计划，根据港区内外各种情况的变化，科学合理地调节配置各生产要素，使港区生产持续均衡地进行。

为做好调度工作，必需要掌握好调度工作的几个特性。

（1）计划性：编制好计划，并督促和检查计划的执行，灵活机动地搞好调度工作。

（2）集中性：调度工作是对港区生产经营活动统一领导和正常进行的保证。凡港区领导对生产的领导对生产的指示和调度会的决定，均由调度部门集中统一希置下送，也统一由调度部门组织实施。

（3）及时性：及时发现问题，及时注意信息反馈，出现问题尽快解决。

（4）经常性：港口装卸生产是一项昼夜连续不停地生产活动，则调度工作也应是经常性地对生产的变化进行协调和平衡。

（5）预见性：调度工作应对可能的问题有所预见，考虑好有效的应急措施，当问题发生时能及时有效地予以解决。

▶ 课堂活动2

有五艘船同时停靠一个泊位，其相关资料如下：船舶编号依次为A，B，C，D，E 船舶载重量依次为 12000MT，25000MT，3000MT，18000MT，10000MT。舶载货量依次为12000MT，24000MT，2000MT，16500MT，9900MT。装卸效率依次为 4000MT／天，4000MT／天，2000MT／天，3300MT／天，2475MT／天。

可以采用方法一：船舶平均在港时间最短的作业排序原理。即将所有的船舶按照装卸时间的长短，从短到长的顺序排列就是最佳排序方案，也叫 SPT 规则。这个方法的优点是简单、常用，但会导致大船，重点船处于长时间排队。

方法二：船舶在港运力损失最少的作业排序原理。此种作业排序原理即考虑了船舶装卸生产，停泊时间的长短，又考虑了船舶载重量的大小。将所有的船舶按照单位载重量的装卸停泊时间的大小，从小到大顺序排列就是最佳排序方案，也叫 STD 规则。即要求总停泊的吨天最少，则单位载重量所需装卸时间少的船舶首先装卸，而单位载重量所需装卸时间长的船舶排在后面。

请思考：

1. 按 SPT 计算所有船舶的装卸时间，并按 SPT 规则排列各船作业顺序。

2. 按 STD 计算所有船舶的单位装卸时间，并按 STD 规则排列各船作业顺序。

任务四　港口生产统计指标

表4-4是20×1年度北部湾港生成计划完成情况报表，张师傅让李三好好学习一下。

请思考：

1. 吞吐量是什么？其与港口生产完成情况之间的关系是什么？

2. 北部湾港20×1年度的生产计划完成情况如何？

表4-4　20×1年广西北部湾经济区主要经济指标

地区	广西北部湾港口吞吐量			
	总量/万吨	在全区排位	同比增长/%	在全区排位
广西北部湾港	35 821.8		21.0	
北海港	4322.6	3	15.7	3
防城港	14 800.3	2	21.5	2
钦州港	16 698.9	1	22.3	1
其中：集装箱（万TEU）	601.2		19.1	

▶ 相关知识

1. 港口生产统计指标的分类

1.1 按性质可分为数量指标和质量指标

数量指标是指反映港口生产力规模及生产经营活动规模及应达到的数量水平，通常用绝对数表示。质量指标是反映港口生产活动所应达到的或已经达到的效果和工作质量的水平，通常用相对数来表示。数量指标是计算质量指标的基础。

1.2 按作用可分为统计指标、计划指标、考核指标

统计指标是企业对生产经营活动实行全面控制所设立的基本指标体系，包括计划指标和考核指标，它的统计范围最广；计划指标是企业生产计划中规定必须达到或完成的生产目标；考核指标是对企业或各部门的生产、经营、管理工作好坏进行评比、奖惩的衡量标准。

2. 吞吐量统计指标

2.1 吞吐量的概念

吞吐量是指经由水运运进、运出港区范围并经装卸的货物（箱）数量。其包括邮件及办理托运手续的行李、包裹，以及补给船舶的燃料、物料和淡水，计算单位为"吨"或"TEU"。

"港区范围"是指各港口港章中规定的或经港口当地政府机关划定的港口陆域、水域范围。"箱"仅指集装箱。

2.2 吞吐量的分类

2.2.1 旅客吞吐量

旅客吞吐量指报告期内经由水路乘船进、出港区范围的旅客数量。包括购买半票的旅客人数和乘旅游船进出港区的旅客人数，但不包括免票儿童、船舶船员人数、轮渡和港区内短途客运的旅客，以及在本港下船登岸，后又乘同一船舶上船出港的旅客人数。计算单位为人。

港口旅客吞吐量按旅客流向分为旅客发送量和旅客到达量；按航线分为国内航线旅客吞吐量和国际航线旅客吞吐量；还可按旅客国籍分组等。

港口旅客吞吐量是根据客票出售记录单（应扣除退票数）和客运日报表等进行统计的。

2.2.2 货物吞吐量

港口货物吞吐量是指报告期内经由水路进、出港区范围并经过装卸的货物数量。其包括邮件、办理托运手续的行李、包裹以及补给运输船舶的燃料、物料和淡水。计算单位为吨。

1）货物吞吐量的统计方法

（1）自本港装船运出港口的货物，计算一次出港吞吐量；由水路运进港口卸下的货物，计算一次进港吞吐量。

（2）由水路运进港口，经装卸又从水路运出港口的转口货物，分别按进港和出港各计算一次吞吐量。

（3）货物吞吐量必须以该船在本港装卸的货物全部装卸完毕，并且办理交接手续后一次进行计算。

（4）牲畜、家禽、轻泡等无法取得实际重量的货物重量按附录一进行换算。

（5）滚装汽车的吞吐量按车辆数和实际重量分别计算。

2）不计算为吞吐量的货物

（1）由同一船舶运载进港，未经装卸又运载出港的货物（包括原驳船换拖）。

（2）由同一船舶卸下，随后又装上同一船舶运出港口的货物，或装船未运出，又卸回本港的货物。

（3）港区范围内的轮渡、短途运输货物，以及为运输船舶装卸货物服务和各码头之间的驳运量。

（4）港口进行疏浚，运出港外抛弃的泥沙。

（5）在港区内装船运至港区以外倒入海内的废弃物。

▶ **课堂活动 3**

港口货物吞吐量是指由水运进出港区并经过装卸的货物数量，那么以下几批货物，应计为货物吞吐量的是（　　　）。

A. 从连云港的 1 号码头装 10 吨货物运至 3 号码头

B. 从福州港驳运 10 吨河沙至厦门港锚地卸下

C. 从莆田用汽车运 10 吨货物进入福州港区在后方库场卸下

D. 从上海船运 10 吨货物，至福州港码头停靠后运至香港

3）吞吐量的统计

港口货物吞吐量统计的原始资料，内贸船舶为"货物交接清单""货物运单"，外贸船舶为"舱单"。港口货物吞吐量统计报告期的截止时间，以期末（月、季、年）一天 18 时为准，即在报告期末当日 18 时以前整船卸完和整船装妥，并办完交接手续者，统计为报告期的货物吞吐量。

此外，货物吞吐量的统计除按进出口统计外，还要根据不同目的分为若干组。

（1）按货物的贸易性质分。

按货物的贸易性质可分为内贸和外贸吞吐量内贸吞吐量是指国内贸易运进、运出港的货物数量，但不包括中国香港与中国澳门。外贸吞吐量则是指我国与外国（地区）之间贸易往来运进、运出港口的货物数量，包括我国港口中转的转口贸易货物，还包括与中国香港、中国澳门之间贸易往来的货物。外贸吞吐量按承运船舶的国籍可分为本国船和外国船，按承运船舶的派船方又可分为我方派船及对方派船。我方派船包括我国船舶承运和我方租用外轮承运，对方派船也包括对方租用我国船舶承运的部分。

（2）按货物类别划分。

根据现行的交通行业标准《运输货物分类和代码》（JT0019）执行，按货物物理形态和包装形式分为液体散货、干散货、件杂货、集装箱和滚装汽车吞吐量等。

（3）按承运船舶的种类划分。

可分为杂货船、散货船、集装箱船、油船、客货船和其他船吞吐量。

（4）按货物通过的码头泊位。

逐个泊位统计。

2.2.3 集装箱吞吐量

指报告期内由水路进、出港区范围并经装卸的集装箱数量。按箱量和重量分别统计。计算单位为箱、TEU、吨。

计算箱量时，按集装箱的实际箱数和折合为20英尺集装箱（TEU）数计算。计算重量时，按集装箱的总重和货重分别计算。无法取得集装箱实际重量时，每TEU按8吨计算。

集装箱吞吐量按集装箱的尺寸类型分为10英尺箱、20英尺箱、35英尺箱、40英尺箱、45英尺箱集装箱吞吐量等；按是否装载货物分为空箱和重箱集装箱吞吐量。同时，根据需要，参照货物吞吐量相关分组方法进行分组。

2.3 吞吐量的统计方法

（1）自本港装船运出港口的货物，计算一次出口吞吐量。

（2）由水运运进港口卸下的货物，计算一次进口吞吐量。

（3）由水运运进港口经装卸又从水运运出港口的转口货物，分别按进口和出口计算两次吞吐量。

（4）对邮件及办理托运手续的行李、包裹，计入吞吐量。

（5）补给船舶的燃料、物料、淡水（不包括船舶生活用水和用品），计入出口吞吐量。

▶ 课堂活动4 --

某港口，年水转陆货物30万吨，年陆转水货物40万吨，年水转水货物20万吨，其年吞吐量为（　　　）。

A. 90万吨　　　　B. 110万吨　　　　C. 180万吨　　　　D. 120万吨

3. 装卸工作统计指标

港口装卸作业指标包括装卸自然吨，操作量，操作系数，装卸工日产量，装卸工时效率，装卸作业机械化程度等。在港口装卸作业指标统计工作中，分为全港统计和本港统计。全港统计指在港口区域内所有港口的装卸作业统计，而本港统计仅指对港务局管辖的港口、锚地、浮筒以及库场上进行的装卸作业的统计。随着货主港口能力的增加，这两种统计数据相差正在扩大。

（1）装卸自然吨。

装卸自然吨是指进、出港区并经过装卸的货物数量，一吨货物从进港到出港（包括水进水出，陆进陆出，或只进不出，只出不进的物资，以及用于港内消耗的建港物资等），不论经过几次操作，均只计算一个装卸自然吨。

在计算装卸自然吨时，除进港后不再出港，在港区消耗的建港等物资是在进港时统计外，其余一律于装船或装车出港时统计。

装卸自然吨和吞吐量一样都是港口装卸工作的主要指标，它与吞吐量之间的主要差别是对于水水中转的货物，在港口进行换装作业时，每一装卸自然吨计算为两个吞吐吨，而水陆中转则计算为一个吞吐吨。由于装卸自然吨不随货物流程的变化而改变数值，因此常被用来作为计算港口装卸成本的计量单位。

（2）操作量。

要定义操作量，首先应知道什么是操作过程。所谓完整的操作过程，是指货物由某一个运输工具（船或车）到另一运输工具（船或车）或库场，由库场到运输工具或库场的整个装卸搬运过程。操作过程由舱内、起落舱、水平运输、库场、车内等装卸工序组成。

装卸操作过程：船（驳）——船（驳）；船（驳）——车；船（驳）——库场；车——车；车——库场；库场——库场。

上述"车"包括火车、汽车及其他车辆，但不包括从事船—库场之间进行水平搬运的车辆。

操作量是指通过一个完整的操作过程所装卸、搬运的货物（箱）数量。其计量单位是操作吨或 TEU。在一个既定的操作过程中，一吨货物不论经过几组工人或多少装卸机械的操作，也不论运输距离的远近，是否有辅助作业，均只计算一个操作量。

吞吐量和装卸自然吨反映的是港口装卸工作的物资量，而货物在经过港口时，往往要经过多个操作过程，经过多次操作，操作量指标就反映了港口在完成上述产量时所消耗的工作量的大小。

同一库场内的倒垛、转垛属库场整理工作。翻舱、拆包、灌包、缝包、摊晒货物、过秤等属于辅助作业，一律不得计算为操作量。

操作量是反映装卸工作量大小的数量指标。编制计划时操作量是根据分货种的装卸自然吨排出操作过程计算确定的。在统计时，则根据报告期实际数量累计求得的。

（3）操作系数。

操作系数是指货物操作量与装卸自然吨之比。它用于测定每吨货物在本港各作业区内的平均操作次数，是考核和反映港口装卸工作组织是否经济合理的主要指标之一。

操作系数=操作量/装卸自然吨

由于每吨货物通过港口至少要经过一次装卸，因此操作系数总是≥1。如果港口全部作业以直取方式进行，则操作系数等于1；如果港口有部分作业的间接方式进行，则操作系数>1。

在一般情况下，操作系数低的港口，直取比重高，库场需求量少，完成换装作业所消耗的劳动量小，成本低，货损也少，通常这是港口生产组织管理工作追求的目标。但这也必须根据实际情况决定，有时为了确保船期，和提高车船装卸效率或由于为了减少因车船之间的相互等待所造成的时间损失，采用进库场的间接换装是更合理的，会取得更好的经济效益，故不能盲目追求操作系数的降低。当然，在一般情况下，我们还是要求加强管理协调，尽可能降低操作系数。

（4）装卸工时效率。

是指装卸工人、司机等直接作业人员平均每人工作一小时完成的货物操作量。

装卸工时效率=与装卸工时数相对应的操作量/装卸工时数

（5）装卸工日产量。

是指装卸工人、司机等直接作业人员平均每个装卸工日完成的装卸货物量。

装卸工日产量=操作量/装卸实际工日数

4. 船舶在港作业统计指标

（1）船舶停泊总艘时。

指报告期内船舶在港停泊的时间。计算单位为"艘时"，包括生产性停泊时间、非生产性停泊时间两类。其中，生产性停时间包括装卸作业时间、技术作业时间、移泊时间和其他生产性停泊时间；非常生产性停时间按其产生的原因可分为港方原因造成的非生产性停泊时间、船方原因造成的非生产性停泊时间、物资部门原因造成的非生产性停泊时间、其他原因造成的非生产性停泊时间。在同一时间内产生两种或两种以上不同性质的停泊原因时，计入主要的或时间较长的一种原因内。

对船舶在港停泊时间进行统计，目的在于研究和分析船舶在港停留时间的构成因素，及时发现装卸中存在的问题，找出影响船舶停泊时间的原因以便采取措施加以解决。同时，可分析船舶停时的经济责任，为船舶速遣、滞留、奖罚提供参考依据。

（2）船舶平均每次在港停泊天数。

船舶平均每次在港停泊天数是指船舶从进港时起到出港时止的平均每艘船在港的停泊时间。

一般来说，每艘船舶平均在港停泊的时间越短越好，但由于计算公式中的分子指的是船舶在港停泊时间，由于船舶在港停泊时间的构成复杂，每艘船舶在港停泊时间的长短，受货种、流向，船舶吨位的大小，装卸效率的高低，装卸作业的性质，非生产性停泊时间和自然因素等一系列原因的影响，故船舶平均在港停泊时间的差别会很大。

船舶平均每次在港停泊天数的计算公式为：

$$\overline{T}次 = \sum T停 / N次（天）$$

式中，$\overline{T}次$ —— 船舶平均每次在港停泊天数；

$\sum T停$ —— 船舶停泊总艘天数；

$N次$ —— 船舶停泊总艘次数，即船舶在港停泊艘次的总和。

一艘船舶从进港起到出港时止，不论是装货还是卸货，或者是又装又卸，也不论移泊次数多少，都只计算为一个停泊艘次。

船舶平均每次在港停时是考核船舶在港停泊时间长短，检查港口工作的主要质量指标之一。缩短船舶平均每次在港停泊天数，可以加速船舶周转，提高码头泊位的利用程度。将上式分母"船舶停泊总艘次数"改为"船舶在港作业总艘次数"，计算结果为船舶平均每次作业在港停时，是指船舶从进港时间起至离港时止，平均每艘船每次作业在港停泊天数。

（3）船舶平均每次作业在港停泊天数。

船舶平均每次作业在港停泊天数这一指标与船舶平均每次在港停泊天数指标不同的是，考虑到了船舶在港装卸作业性质。若船舶在港停泊期间其他因素不变的情况下，卸后又装双重作业的船舶，在港停泊时间肯定要比单一作业性质的船舶在港停泊时间长，如果双重作业性质的船在报告期内占的比重越大，则船舶平均每次在港停泊天数数值必然越大。这一指标补充了船舶平均每次在港停泊天数指标这一方面的不足，但是其他问题依然存在。

船舶平均每次作业在港停泊天数的计算

船舶平均每次作业在港停泊天数的计算公式为：

$$\overline{T}作次 = \sum T停 / N作次（天）$$

式中，$\overline{T}作次$ —— 船舶平均每次作业在港停泊天数；

$\sum T停$ —— 船舶停泊总艘天数；

$N作次$ —— 船舶在港作业总艘次，即船舶在港装卸次数的总和。

一艘船在港单装或单卸都计算为一个作业艘次，而卸货后又装货的双重作业则计算为两个作业艘次。

（4）船舶平均每装卸千吨货在港停泊时间。

船舶平均每装卸千吨货在港停泊时间通常简称为千吨停时，它是指在港停泊船舶平均每装卸千吨货（或千标准箱）所消耗的属港方责任的停泊时间。

船舶平均每装卸千吨货在港停泊时间的计算公式为：

$$\overline{T}千 = T千 / Q \times 1000 （天）$$

式中，$\overline{T}千$——船舶平均每装卸千吨（或千标准箱）在港停泊时间；

$T千$——计算千吨货（或千标准箱）停时艘天，等于生产性停泊时间与港方原因造成的非生产性停泊时间之和；

Q——装卸船舶货物吨数之和。

这一指标与船舶平均每次在港停泊天数、船舶平均每次作业在港停泊天数这两种指标比较。首先，它排除了船舶吨位变化对船舶在港停时的影响；其次，分子中的船舶在港停时中只考虑属于港方责任的停泊时间。这样，就能比较准确而又综合的考核港口对船舶在港作业的组织工作。目前，这一指标还是较好的指标。但港口装卸的货种，难易程度相差很大，同是千吨货物的干散货和杂货，其停时相差就很大。

（5）非生产性停泊时间占比。

非生产性停泊时间所占比重是指船舶在港停泊艘天中，非生产性停泊时间所占的比重，以百分比表示。这一指标可以一般地反映港口对船舶装卸作业各环节衔接与组织水平。

非生产性停泊时间所占比重的计算公式为：

$$\omega = T非 / T停 \times 100\%$$

式中，ω——非生产性停泊时间所占的比重；

$T非$——非生产性停泊艘天数；

$T停$——船舶停泊艘天数。

船舶国籍不同（即本国船和外籍船），所载货种及流向不同，船舶类型（分通用船和专用船）及其大小不同，对上述统计指标有很大的影响，为了便于分析比较，上述指标一般要分国籍，分货种和分船舶吨位进行统计。

► 课堂活动 5

已知统计期船舶在 B 港作业情况如表 4-5 所示，假设船舶在港时间全部属港方责任。请计算：

1. 船舶平均在港天数。
2. 船舶平均每次作业在港停泊天数。
3. 船舶平均每装卸千吨货在港停泊时间。
4. 非生产性停泊时间所占比重。

并在其基础上对比 20×1 年全球主要港口远洋干线国际集装箱船舶平均在港、在泊时间（见表 4-6），分析 B 港应如何提升其装卸作业效率。

表 4-5　统计期内船舶在 B 港作业情况统计表

船名	载重量	船舶停泊天数	船舶作业次数	非生产性停泊天数	装货吨数	卸货吨数
A	12 000	5	2	2	10 000	10 000
B	5000	2	1	0	5000	
C	10 000	4	2	1	10 000	5000
D	16 000	4	1	1		15 000
E	10 000	3	1	0.5	10 000	

表 4-6　20×1 年全球主要港口远洋干线国际集装箱船舶平均在港、在泊时间

港口	港口 20×1 年吞吐量/万 TEU	平均在港时间/天	平均在泊时间/天
上海	4703	2.57	1.06
新加坡	3747	1.78	1.27
宁波舟山	3108	2.16	1.07
深圳	2877	2.04	1.24
广州	2418	1.49	0.85
青岛	2371	1.77	1.17
釜山	2269	1.57	1.31
天津	2027	1.88	1.50
香港	1779	1.33	0.90
鹿特丹	1510	2.24	1.61
迪拜	1377	1.68	1.07
巴生	1374	1.84	1.22
厦门	1205	1.35	1.05
安特卫普	1202	1.97	1.43

港口	港口 20×1 年吞吐量/万 TEU	平均在港时间/天	平均在泊时间/天
丹戎帕拉帕斯	1120	1.89	1.13
洛杉矶	1067	9.49	5.94
高雄	986	1.03	0.83
长滩	938	10.36	5.03
纽约	899	2.42	1.81
汉堡	870	2.35	1.65

5. 港口生产设备应用指标

港口生产设备是港口企业经营的物质基础，它包括码头泊位、仓库堆场、装卸机械、港内运输工具、港内铁路装卸线等。港口生产设备运用统计指标，为港口建设计划、规划及经营管理决策提供科学依据，为扩大港口通过能力、提高港口企业的经济效益提供资料和依据。

5.1 码头泊位运用指标

码头泊位运用指标反映码头泊位的运用状况，为挖掘码头生产潜力、扩大港口通过能力、提高港口企业的经济效益提供资料和依据。其主要包括泊位作业率和泊位占用率。

1）泊位作业率

泊位作业率是指泊位作业用时间与泊位日历小时数的比重，它说明码头泊位进行装卸作业的使用情况。

泊位作业时间指泊位占用时间中进行装卸作业的时间，包括装卸前后的准备、结束时间，纯装卸时间，补给供应及其他作业时间。

2）泊位占用率

泊位占用率是指泊位占用时间与泊位日历小时数的比值，它反映反映泊位综合利用程度。其计算公式是：

泊位占用率（%）＝（泊位占用小时数/泊位日历小时数）×100%

（1）泊位日历小时数是指报告期全部装卸生产用泊位在册日历小时数总和。它包括占用小时数和非占用小时数。

（2）泊位占用小时数是指泊位日历数中，实际停靠船舶所占用泊位的时间，包括装卸时间和非装卸时间。泊位占用时间的计算，应从船舶靠泊系妥第一根缆绳时起，至船舶离泊解完最后一根缆绳时止。

（3）计算泊位占用时间，要以既定的泊位数为准。即一个既定的泊位，停靠船舶 1 小时，不论是停靠一艘还是两艘及以上船舶，都只能计为占用一个泊位艘时，不能计算为两个或两个以上的占用泊位艘时。只计算直接停靠码头之船舶所占用的时间，至于停靠外挡的船一律不予计算。

5.2 库场运用情况指标

库场运用指标反映的是港口企业的仓库和堆场运用情况的指标。它的统计范围是港务局营业用的所有仓库和堆场。其包括待修、在修、租人及借人的仓库和堆场，但不包括批准封存、出租、外借以及非营业用的仓库堆场。

库场使用情况的好坏会影响到码头泊位的能力是否得到充分的发挥，还在一定程度上可以反映出港口的集疏运系统的畅通程度。反映库场运用情况的指标主要有货物堆存量、货物堆存吨（箱）天数、平均堆存期、库场平均容量、库场周转次数、库场利用率。

（1）货物堆存量。

货物堆存量又称堆存吨（箱）数，是报告期内港口仓库和堆场实际堆存货物的累计吨（箱）数。它是反映港口库场堆存量大小的指标，其计算公式为：

$$货物堆存量 = 期初结存货吨（箱）数 + \sum 报告期每天进栈的货吨（箱）数$$

（2）货物堆存吨（箱）天数。

指报告期仓库、堆场堆存货（箱）数量与其堆存天数乘积之和。它是反映堆存工作量的综合指标，不仅反映货（箱）堆存的数量，而且反映货（箱）堆存的时间。单位为"吨天"或"TEU 天"。

$$堆存吨（箱）天数 = \sum （货物堆存吨（箱）数 \times 堆存天数）$$

或者，$$堆存吨（箱）天数 = \sum 报告期每天结存数 + \sum 报告期每天出库场货物数$$

（3）平均堆存期。

指报告期每吨（箱）平均在仓库、堆场堆存的天数。它是反映货（箱）在库场内的滞留时间，即堆存时间长短的平均指标。计算单位为"天"。

$$平均堆存期 = 堆存吨（箱）天数/堆存吨（箱）数$$

在计算平均堆存期时，报告期的时期长度应适当扩大（至少为一个季度），否则当货（箱）跨时期堆存时，计算的平均堆存期与实际情况会不符，即比实际堆存时间要短。平均堆存期短，说明货（箱）的流转快，滞留时间短，避免港口堵塞，扩大码头吞吐能力。

（4）库场平均容量。

指报告期内平均每天拥有的库场堆存能力。计算单位为"吨或 TEU/天"。

$$库场平均容量 = \sum 报告期每日库场容量总/报告期日历天数$$

（5）平均每天堆存吨（箱）数。

指报告期平均每天堆存的吨（箱）数量。计算单位为"吨或 TEU/天"。

$$平均每天堆存吨（箱）数 = 堆存吨（箱）数/日历天数$$

一般来说，平均每天堆存吨（箱）数越接近平均容量，说明库场利用相对较好，但还需结合平均堆存期指标进行综合分析，如果平均堆存期长，则虽然利用率高，但有可能导致库场积压，影响码头通过能力。

（6）库场利用率。

指报告期平均每天堆存吨（箱）数与平均容量的比值。它是反映库场容量利用程度的指标。计算单位为"%"

库场利用率=（平均每天堆存吨（箱）数/平均容量）×100%

（7）库场周转次数。

指报告期仓库、堆场容量平均堆存货物次数。它是反映库场设备使用的频繁程度的指标，周转次数越多，货（箱）的流转速度就越快，要提高周转次数，就应在一定的容量情况下，增加堆存数量，同时缩短货（箱）的堆存时间。计算单位为"次"。

库场周转次数（次）=堆存吨（箱）数/平均容量

5.3 装卸机械运用统计指标

该类指标反映装卸机械所处状况及使用情况，为装卸机械的维修、保养、报废和选择机型提供依据。

（1）完好率。

完好率是指装卸机械日历总时间中机械完好时间所占的比重。计算单位为"%"。

机械完好率=（完好台时/日历台时）×100%

机械完好台时，是指装卸机械技术状态良好可供使用的台时，包括工作台时与停工台时。

日历台时，是指装卸机械在册天数乘以24小时的乘积。

（2）利用率。

利用率是指在装卸机械日历总时间中机械工作时间所占的比重，反映装卸机械的利用程度。计算单位为"%"。

机械完好率=（工作台时/日历台时）×100%

（3）平均台时产量。

平均台时产量是指平均每台装卸机械每小时所完成的起运货（箱）数量，反映装卸机械的装卸效率及码头整体管理组织水平。计算单位为"吨或TEU/台时"。

平均台时产量=机械作业量/工作台时

▶ 实训任务四

某万吨级轮满载30000吨煤炭抵达B港，在锚泊时卸下2000吨至驳船运往Q港，另卸下2000吨运至驳船运往B港区某货主码头，靠泊后卸下其余26000吨煤炭，其中3000吨卸下后直接由汽车运出B港，8000吨卸下后堆存在B港区2号堆场，8000吨卸下后直接由火车运至B港区的某港务局码头，余下的7000吨卸下后又装回该轮，同时，该轮还在B港装货8000吨，补充燃油、淡水各1000吨。

请完成以下任务：

1. 计算案例中的进出口吞吐量及吞吐总量。

2. 阐明在计算货物吞吐量时需要注意的问题有哪些？

《 课 后 练 习 》

一、单选题

1. 为货主提供货物鉴定、检验、包装等是港口企业四个生产过程中的（　　　）。
   A. 生产准备过程　　　　　　　　B. 基本生产过程
   C. 辅助生产过程　　　　　　　　D. 生产服务过程

2. 编制装卸作业计划，设计装卸工艺方案，确定装卸地点、库场和接运工具，准备装卸机械等是港口企业四个生产过程中的（　　　）。
   A. 生产准备过程　　　　　　　　B. 基本生产过程
   C. 辅助生产过程　　　　　　　　D. 生产服务过程

3. 装卸机械的维修与保养，装卸工属具的加工制造与管理，港口各项的设施的维修及动力供应等是港口企业四个生产过程中的（　　　）。
   A. 生产准备过程　　　　　　　　B. 基本生产过程
   C. 辅助生产过程　　　　　　　　D. 生产服务过程

4. 卸船、装船过程，卸车、装车过程是港口企业四个生产过程中的（　　　）。
   A. 生产准备过程　　　　　　　　B. 基本生产过程
   C. 辅助生产过程　　　　　　　　D. 生产服务过程

5. （　　　）是衡量港口生产任务大小，判断港口优劣与否的一个标志。
   A. 港口泊位数量　　　　　　　　B. 港口库场面积
   C. 港口吞吐量　　　　　　　　　D. 港口设备情况

6. 在港口企业生产过程中，由于船、车、港、货的不平衡特点的影响，港口装卸作业大部分是以（　　　）方式进行的。
   A. 直接　　　　　　　　　　　　B. 间接
   C. 随机　　　　　　　　　　　　D. 计划

7. 港口的服务对象不仅有货物，还有各种类型的船舶和其他运输工具，这体现了港口生产的（　　　）特性。
   A. 转移性　　　　　　　　　　　B. 比例性
   C. 多样性和复杂性　　　　　　　D. 不平衡性

8. （　　　）是港口生产的基本单元，是港口装卸生产作业的基础，因而单船作业计划是港口装卸生产计划的基础。
   A. 单船作业　　　　　　　　　　B. 装卸作业
   C. 船舶技术作业　　　　　　　　D. 辅助作业

9. 基本生产过程是货物在港的装卸过程，是货物从（　　　）到离港所进行的全部作业的综合。
   A. 中转　　　　　　　　　　　　B. 进港

C. 换装　　　　　　　　　　　　　D. 装卸

10. (　　) 是港口战略计划的具体实施计划。

A. 港口年度生产计划　　　　　　　B. 港口年度装卸计划

C. 港口年度吞吐量计划　　　　　　D. 港口年度泊位利用计划

二、多选题

1. 港口物流的生产过程主要包括 (　　)。

A. 生产准备过程　　　　　　　　　B. 基本生产过程

C. 辅助生产过程　　　　　　　　　D. 生产服务过程

2. 港口物流生产特点包括 (　　)。

A. 港口物流生产过程的高度连续性和比例性

B. 港口物流生产的复杂性

C. 港口物流生产的稳定性

D. 港口生产的不平衡性

3. 港口生产作业计划分别包括 (　　)。

A. 港口月度生产计划　　　　　　　B. 旬度作业计划

C. 港口昼夜分班　　　　　　　　　D. 单船作业计划

4. 港口生产调度的意义有 (　　)。

A. 现代化大生产发展的客观要求　　B. 实现港口企业持续均衡生产

C. 控制和调控企业生产过程　　　　D. 提高企业经济效益

5. 港口调度工作的特性包括 (　　)。

A. 计划性　　　　　　　　　　　　B. 集中性

C. 高效性　　　　　　　　　　　　D. 及时性

E. 经常性

三、简答题

1. 简述港口生产的特点。

2. 简述港口生产调度工作内容。

3. 简述港口生产统计指标的分类。

四、案例分析题

厦门港港口调度及安全监控平台

　　厦门港是我国东南沿海重要的天然深水良港,历经多年的建设,已发展成一个集装卸、中转、保税仓库、代理、驳运、造船、工程、港机制造维修、港口服务为一体,客货兼营的多功能综合性现代化港口。厦门港同时也是内地主要的对台港口以及沿海主枢纽港和八大集装箱干线港之一,2010 年厦门港集装箱年吞吐量突破 582 万标箱,2011 年更达到了历史性的 646.5 万标准箱。

　　为适应快速增长的货物和集装箱吞吐量发展,厦门信息港公司与厦门港务控股集团有限公司信息开发部合作共建"港口调度及安全监控平台"——集成码头、堆场、船公司、箱站、货主、代理等航运生产单位的抵港信息、生产调度计划信息等实时生产数据，实现了对港口生产进行调度、对港口码头作业进行视频监控及集团化的统一安全管理，并实现与港口管理局、船代、码头及港务下属企业的信息互动和共享。该平台功能包括 EDI 数据交换、港口生产调度管理、现场视频采集传输存储、船舶动态监控、安全设施管理、安全事件管理、安全预案管理、安全知识及培训管理等，功能全面，相互补充，有效满足实际业务需要。同时，平台利用短信广播等手段辅助安全预警，支持多种接入方式，灵活性和可扩展性很强。其新颖性体现在：一是采用分层式架构、基于 NET 的先进技术构架和Web 技术设计；二是抵港信息、调度计划等数据采用 EDI 自动交换及多方比对技术；三是有机结合职业安管思想、传统的安全管理、视频监控及先进信息技术，形成了完整的有效安全体系；四是融合视频监控、短信广播、信息 Web 发布等多种手段辅助安全预警、事故预防及作业规范；五是采用 GPS/GIS、电子海图、无线通信等技术实现船舶动态监控。

目前，该平台已经在厦门港务控股集团投入使用。平台的运行使得航次、码头的装卸效率和周转率都明显得到提高，码头管理日趋科学、细致与规范，各类安全隐患和事故显著降低，客户满意度也大幅度提高，尤其是安全监督管理的模式得到良好的肯定。平台于2008 年 9 月 30 日通过了厦门市科技管理部门组织的专家验收及科技成果鉴定，得到了与会专家的一致好评。

问题：

（1）港口生产调度创新对港口生产有哪些方面的影响？

（2）港口生产调度创新的途径有哪些？

（3）结合厦门港生产调度和安全监控平台的发展，谈谈港口生产经营管理未来发展的趋势。

项目五

港口理货业务

学习目标

一、知识目标

1. 了解港口理货的基本知识

2. 熟悉港口理货作业流程

3. 熟悉港口理货过程中的主要问题及解决办法

二、能力目标

1. 能正确处理港口理货过程中的主要问题

2. 能缮制理货单证

三、素养目标

1. 培养学生的港口理货实践技能，强化岗位责任意识

2. 培养吃苦耐劳的岗位奉献精神

3. 增强法治意识，注重港口理货员岗位的法律法规教育

思维导图

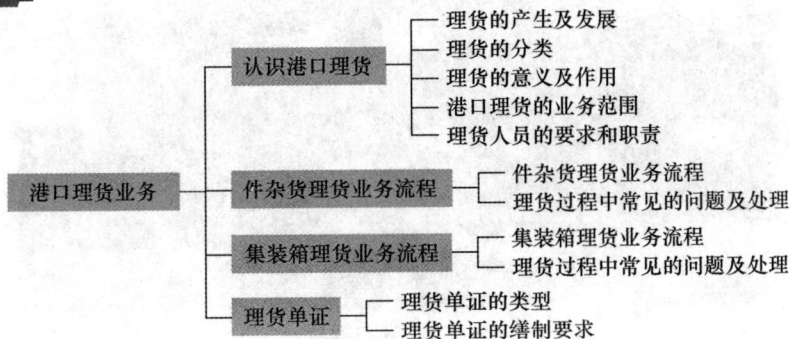

任务一　认识港口理货

20×4 年 4 月 15 日，Fiona 轮执行 1550 次航行任务，从印尼载运木浆 2000 捆，4000 吨，在 B 港卸船并转运至后方库场存储 4 天，之后运往 100 千米外 S.K 公司的工厂。刘师傅安排赵一负责接船理货。请思考接船理货与入库验收有什么异同。

▶ 相关知识

1. 理货的产生、演变及发展

1.1　理货的产生

在商品社会里，贸易和运输是不可缺少的流通环节。当一笔贸易成交后，商品的交换要通过运输来实现。商品进入运输领域后就称为货物。货物在运输过程中，每当进行装卸时，都是要进行交接的，包括对货物的确认和数量、状况的交接，这就是最早的理货工作。

理货是随着水上贸易运输的出现而产生，英文名为 Tally，其本义是一种木料、竹子做的筹子或者竹签子。因为，早先理货人员是用筹子或者竹签来计算货物的数字，所以最早的理货工作就是计数。例如，一艘船在港口卸货，当装卸工人扛起一件货物时，旁边的理货员即从签筒中抽出一根竹签交给他，装卸工人将竹签连同货物一起交给库场员。理货员与库场员就凭签子数计算卸货件数，进行交接。

图 5-1　港口理货

现在的理货已经超出了单纯计数的概念。理货是指海上运输的货物，船方或货主根据运输合同在装运港和卸货港收受和支付时，委托港口的理货机构代理完成的在港口对货物进行计数、核对货物标志，检查货物残损，指导和监督装舱积载，办理交接，制作有关理货单证等内容。

1.2 理货的演变

在水上贸易运输中，最初是由卖方随船与买方直接交易货物的，也就是买卖双方当面点交点接，自行理货。随着贸易的发展，船方理货代替了卖方随船理货，即由船方分别与买卖双方计数交接货物。船方的理货工作开始是由船员兼作的，后来在船上配备了专职的理货人员，最后演变成委托港口的理货机构代办。

我国理货发展的过程可以被分为以下几个阶段。

（1）起步阶段。

20世纪80年代是我国理货行业的起步阶段。当时，由于市场经济的初步发展和对货品的需求增加，一些小型的零售商开始雇佣理货员来管理商品的堆放和陈列，以提高销售和服务质量。

（2）增长阶段。

90年代以后，我国理货行业进入了快速增长阶段。随着国内经济的不断发展和市场的扩大，零售业的规模和数量不断增加，理货员的需求也相应增加。理货工作逐渐得到认可，一些企业开始专门设立理货部门或聘请专业的理货公司进行管理。

（3）专业化阶段。

进入21世纪后，我国理货行业逐渐实现了专业化发展。随着技术的进步和管理水平的提升，理货工作从传统的人工操作转向数字化仓储和物流管理系统。同时，理货员的职业培训和资质认证也得到了广泛推广，提高了行业的专业素质和服务水平。

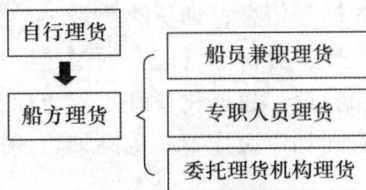

图5-2 理货的演变

1.3 理货的发展

（1）智能化技术的应用。

随着科技的不断进步，智能化技术在港口理货中的应用越来越广泛。例如，自动识别技术可以实现对货物的自动清点和称重，大大提高了理货效率和准确度。同时，无人机技术的应用也可以实现对港口区域的实时监控和巡视，提高了安全性和管理效率。智能化技术的应用将进一步推动港口理货工作的现代化和自动化发展。

图 5-3　日照港的智能水尺公估系统

图 5-4　宁德港的"无人机+理货"

（2）数据化管理的推进。

　　港口理货工作涉及大量的数据和信息，如货物重量、数量、品种等。利用先进的信息技术，可以实现对这些数据的收集、分析和管理。通过建立完善的数据管理系统，可以实现对港口理货工作的全面监控和管理。数据化管理不仅可以提高工作效率，还可以为港口运营提供数据支持，优化货物流动和资源配置，提高港口的运营效益。

图 5-5　北部湾外理智能理货中心现场

（3）绿色环保的发展趋势。

随着环保意识的提高，港口理货工作也越来越注重绿色环保。例如，采用低碳、节能的设备和工艺，减少对环境的污染和资源的消耗。同时，推动港口理货工作的数字化和智能化也可以减少纸张的使用，降低对森林资源的压力。绿色环保是未来港口理货工作发展的重要方向，也是港口可持续发展的必然要求。

（4）提高安全性和准确度。

港口理货工作的安全性和准确度是保障货物流通和贸易顺畅的关键。为了提高安全性，港口理货工作中将更加重视风险防控和事故应急。例如，加强对危险品的监管和管理，提高货物装卸的安全性。同时，借助先进的技术手段，如智能感知和监控系统，可以实现对货物的实时监测和追踪，提高理货的准确度和可靠性。

图 5-6　日照港的无人机散粮远控取样系统

（5）国际合作与信息共享。

港口理货工作涉及多个环节和多个国家之间的合作。随着国际贸易的发展，港口之间的合作和信息共享将更加紧密。通过建立国际标准和规范，推动港口理货工作的一体化和互联互通，可以实现货物的快速流通和高效配送。同时，加强国际的合作和交流，可以共同应对挑战，分享经验，提高港口理货工作的水平和质量。

2. 理货的分类

理货按其性质分为公证性理货和交接性理货两种。

2.1　公证性理货

公正性理货是由船方申请专业理货人员（外轮理货公司）进行的。对航行国际航线的船舶实行强制理货。理货人员代表船方收货或交货。这种理货是对货物进行清点、验收和交付，对货物的溢短、残损实事求是地做出记录，公正地代表船方办理货物交接手续。被申请单位（外轮理货公司）对货物的实际溢短、残损不负赔偿责任。

2.2　交接性理货

运输部门为了货物的交接和保管而配备的专职人员代表本单位交接货物，这一类的理货就是交接性理货。港口的库场理货是将出口货物交付船方；进口货物接卸入库、保管、转运交付货主。港口在进出口货物交接中对货物的溢短、残损等情况要如实地做好记录，并取得责任方的签认，以此作为向责任方办理索赔的依据。货物办理交接手续后发生的短少和残损，负有赔偿责任。

3.　理货意义及作用

3.1　保证船舶和货物的安全

理货在一定程度上能够影响到船舶和货物的安全。在装船过程中，理货人员对货物积载负有监督、指导责任，且要准确地反映在积载图上。正确、合理地积载，既能提高船舶载货量和舱容利用率，又能保证船舶载航行中的安全；准确地绘制货物积载图，既有利于各方工作，又有利于正确地分析各方地责任。因此，它对保证航行安全和货物在运输途中的安全，具有十分重要的意义。

3.2　减少纠纷，保证物流的畅通

缩短在港时间，加速船舶周转，提高经济效益是船公司努力追求的目标。理货工作进度的快慢，直接影响到港口物流的畅通与否，影响到港口经济效益。出口货物，理货把最后一道关；进口货物，理货把第一道关。理货工作效率高，货物数字清点准确，工残、原残分得清，问题解决及时，会避免很多不必要的纠纷和麻烦。因此，很多先进港口的理货机构都加快了理货信息化建设，采用先进的理货设施和设备，极大地提高了理货的准确率，缩短了理货时间。

同时，理货对于买卖双方履行贸易合同，按质按量地交易货物，促进贸易双方的相互信任，以及船公司经营航线的积极性，都具有重要意义。

3.3　促进国家对外贸易的发展，繁荣经济

理货工作是否具有公正性，将影响到船舶航行该国家和港口的积极性，影响贸易双方的相互信任。外轮理货处于承、托双方的中间地位，承担监督货物交接的职责，涉及承、托双方和贸易双方的合同履行和经济利益，以及保险人的利益。公正理货可以维护承、托双方和贸易双方的合法权益，减少国家的经济损失，促进对外贸易的发展，提高理货在国际上的声誉。实践证明，哪个国家或地区的港口理货人员素质高，理货公正性强，信誉度就高，船舶挂靠该港就多，在促进对外贸易发展的同时，也促进了地区经济的发展。

3.4　确保国家对进出口货物的税收

理货人员填写的理货单证对海关来说是税收的重要依据，而一个国家海关的关税在其

国家的税收中占有重要的位置。海关关税的征收方法有从价税和从量税两种。从价税是按照进出口商品的价格为标准计征的关税；从量税是按照商品的重量、数量、容量、长度和面积等计量单位为标准计征的关税。理货工作是否坚持实事求是，影响到海关能否如实地征收到关税。尽管理货工作主要涉及的是货物数量，但从价税的总值与货物的数量密切相关。如进口散装化肥，一艘 10 万吨的船，若水尺公估相差 1 厘米，货值就相差 200 万元人民币。因此，理货工作在海关税收方面的把关作用是不可低估的。

4. 港口理货的业务范围

理货业务范围是随着外贸运输的发展而逐步扩大，从最初的计数、挑残，发展到现在的服务于海上货物运输所涉及货物交接的各个领域。

各国理货机构的理货业务范围大同小异。所谓大同，就是都对货物进行计数、分票、理货、交接和出证；所谓小异，就是在验舱、计量、丈量、检验等业务方面有所不同。一个理货机构的理货业务范围也是在不断变化的，它是根据外贸运输关系人的需要，逐步发展自己的理货业务范围。

半个世纪以来，我国理货机构的业务范围，也发生很大的变化。目前承担的理货业务范围有以下几个方面：

（1）根据进口舱单和出口装货单核对货物上的主要标志是否相符，按票理清货物数字，分清或剔除残损货物，办理货物交接手续。

（2）指导和监督货物装舱积载、隔票和分票卸货，分清货物的工残、原残。

（3）根据理货结果，出具进口货物溢短、残损证明，签批出口货物装货单，提供原始的理货单证。

（4）根据货物的实际装船情况，绘制积载图，制作分舱单。

（5）船舶配载和货物挑样、分规格等。

（6）集装箱装卸船的理箱和装拆箱的理货业务。

（7）丈量货物尺码，计算货物容积。

（8）办理散装货物装卸船的单证手续业务，包括提供装卸速度、分清货物残损、办理交接签证手续、提供理货单证。

（9）港区外理货，随船理货，出国理货。

（10）其他理货业务。

5. 港口理货业务的原则

按照国际航运惯例，船舶在港口装卸货物时，要申请理货机构代办理货业务。公正性理货必须遵循三条基本原则。

5.1　实事求是原则

实事求是原则是指理货工作必须以货物的事实为依据，理货数据准确、可靠，如实反映货物的本来面目，不能有任何弄虚作假、有意掩盖事实真相的行为。

5.2 船边交接原则

船边交接原则是指理货工作必须以船边为界限进行货物交接，交货前由交方负责，接货后由接方负责，以此来划分承、托运双方的责任。

5.3 一次签证原则

一次签证原则是指理货结果必须准确无误地提请委托方一次签证，不得随意更改签证结果。根据国际航运惯例，在货物装卸完毕时，船方应对理货结果办理签认手续，以此作为对理货结果的确认。

6 理货人员的要求和职责

6.1 理货人员的必备条件

理货工作的好坏，理货质量的高低，主要取决于理货人员的责任心，业务水平、思想作风和政治素质。为此要求理货人员必须具备下列条件。

（1）理货人员必须身体健康，能够适应理货工作的环境和要求。

（2）理货人员必须经过考试合格，取得理货师证书，方可从事理货工作。

（3）理货人员必须符合登轮条件，取得登轮证，方可从事外轮理货工作。

（4）理货人员必须掌握国家的对外方针政策，遵守外事纪律，懂得外交利益。

（5）理货人员必须办事公正，作风正派，责任心强，原则性强。

（6）理货人员必须掌握理货的专业知识，写字要工整、美观，外轮理货人员还必须具备一定的英语会话和书写能力。

（7）理货人员必须具有严格的组织纪律性，能够服从领导，听从指挥，严格执行规章制度。

6.2 理货人员工作要求

（1）工作时，要穿理货服装，佩戴理货标志，保持仪表整洁；工作时，理货人员要戴安全帽。

（2）理货时，要带齐理货用品和单证，提前到达现场，做好开工前的准备和交接班工作。

（3）接触外籍船员要不卑不亢，讲文明，有礼貌；对外宣传实事求是，注意效果；工作需要进入船员房间时，要先轻轻敲门，得到允许后再进入。

（4）不要接受船员馈赠的物品，不要与外籍船员拉个人关系。

（5）在外轮上理货，要尊重船员的风俗习惯，不要干涉船员的内部事务。

（6）上下舷梯、船舱时，要扶牢踏稳，注意安全，不要站在舱盖板上、吊杆下以及货物吊移路线下面理货。

（7）要保持理货房间清洁卫生，爱护船舶设备和物品。

（8）离船时，要带齐理货物品和单证资料，不要遗漏和丢失在船上。

6.3 理货人员的工作职责

1）理货长的工作职责

理货组长是单船理货的组织者、指挥者和实施者。其主要工作职责有以下几个方面。

（1）贯彻落实领导布置的任务和提出的要求，重大业务问题及时请示汇报。

（2）领导和管理本船的理货员，布置和检查各舱的理货工作，指导和帮助理货员处理工作中的问题。

（3）掌握各舱的理货情况和进度，保持与船方和其他单位现场人员的工作联系，保证各舱理货工作的顺利进行。

（4）审核理货员制作的理货单证，整理和保管全船的单证资料，做好单船记录和交接班工作。

（5）编制全船性的理货单证，办理全船性的货物交接和签证工作。

2）理货员的工作职责

理货员是舱口理货的责任者。其主要工作职责有以下几个方面。

（1）执行理货组长布置的任务和提出的要求。

（2）理清货物件数，分清货物标志和残损情况。

（3）编制舱口理货单证。

（4）指导和监督货物的装舱积载、隔票以及分票卸船工作。

（5）坚守舱口岗位，以船边为界进行货物交接。

3）业务员的工作职责

业务员负责对现场理货业务进行监督、检查和指导，协助理货长处理疑难、重大业务问题。其主要工作职责有以下几个方面。

（1）监督、检查理货人员执行理货规章制度和完成理货任务等情况。

（2）指导理货人员工作，协助解决工作中的问题。

（3）负责对外联络适宜，保持现场理货工作的顺利进行。

（4）负责总结理货工作经验，提出合理化建议，报告现场理货情况。

（5）完成领导交办的其他事宜。

任务二　件杂货理货业务流程

20×4 年 4 月 15 日，Fiona 轮执行 1550 次航行任务，从印尼载运木浆 2000 捆，4000 吨，在 B 港卸船并转运至后方库场存储 4 天，之后运往 100 千米外 S.K 公司的工厂。卸船结束，赵一发现该批货物共有 1960 捆，另有小件 160 件，请思考该轮是否为短卸？160 小件如何处理？（进口舱单注明 1 捆含 8 小件）

▶ 相关知识

件杂货是从运输、装卸和保管的角度相对于港口上所装卸的散货、液体货等而言的，通常指的是有包装和无包装的散件装运的货物。这类货物包装类型各异、货种繁杂、尺寸大小不一、重量也极不相同，同时在装卸时进出口同时存在，因此准确的理货变得相当重要。

图 5-7　件杂货

1. 件杂货理货业务流程

（1）船前的准备：卸船前取得货物的进口舱单、船舶积载图等相关单证资料；装货前从货代或船代、发货人处取得货物装货单、船舶积载图等相关单证进行登记整理。准备理货工具和理货单证，与港口相关部门联系，确定作业时间。

（2）登轮后，联系大副，了解情况。

（3）卸船时各理货员在接到单船理货员分派的工作任务后，首先检查所理货的舱内货物的隔票包装情况。

（4）根据不同货物的作业要求，在舱内、甲板或船边与库场理货员或收货人进行理货交接。核对卸船货物标志，分清货物的残损，对混票及残损货物，及时编制"现场记录"，并取得责任方的确认；装货时，根据装货单校对货物的卸港、标识、包装、件数和外表状态，发现理货数字不符合货物残损，应通知库场理货员或发货人调换或修补。

（5）每个工班结束后，编制理货计数单。

（6）货物卸完后，记录完船时间。与库场或收货人核对理货结果，检查舱内货物是否错、漏卸，发现错、漏卸，复查全船所有理货单证。

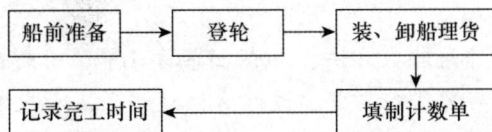

```
船前准备 ──→ 登轮 ──→ 装、卸船理货
                              │
                              ↓
记录完工时间 ←── 填制计数单
```

图 5-8　件杂货船理货业务流程

知识拓展

理货计数的方法及要求

理货计数也称理数，指船舶装卸货物过程中，记录起吊货物的钩数，点清钩内货物细数，计算装卸货物的数字，亦称计数。

常见的理数方法有以下几种。

1）发筹理数法

对每钩货物发一根筹码，凭筹计算货物数目。采用这一方法的前提必须是每钩货物数目相等，每根筹码代表每钩同等数目的货物。以筹代数是比较古老的理货方法，只适用于人力操作、数量不大、按件计数的货物。随着机械化程度的提高，发筹交接（理货）的使用范围逐渐缩小了。

2）划钩（数）理数法

是一种应用比较普遍的理货方法。尤其是同一货种的大宗货物，在船——船、船——驳、船——库场、船——车等装卸作业范围内均可使用。其方法是采用一交一接，双边记数办法。双方人员站在适当的位置进行对口交接，每记一钩货物互相招呼，每隔一定时间互相核对数字。

3）按重理货法

适用于货主申请按重交接的货物，以及不能用件做基本单位的散装货物。

4）小票理数法

按每钩货物数目填写小票，交接双方各执一联，凭票计算货物数目。小票是一种有顺序编号的两联单或三联单，这种方法适用于设备、车辆等货物。小票理货法在接卸进口货物时较普遍应用，它优于"划数法""点垛法"。其特点有如下几个方面。

（1）理货人员必须上岗定位，培养认真负责的工作作风。

（2）遇有不符能立即得到纠正，避免班后扯皮。

121

（3）解决从船→库场中间环节无人管的现象，一张小票紧密地连着处理、装卸、司机、库场员四个岗位，既能互相监督，又能互相配合。

5）点垛理数法

按垛点清货物数目。垛是指在码头库场按一定要求堆码成型的货物，这种方法不适用于外贸运输货物。但在特定条件下，如对舱内、船边不易按钩点清数目的货物，在从货垛外表能点清数目的条件下，可作为一种辅助的理数方法。目前多在出口货物集港、装船时使用。

6）自动理数法

这是一种用科学仪器作为理数方法，如在世界港口中使用的在输送带上安装自动计数器。但自动理数仍要对计数器进行监督，这种方法适用于定量包装的大宗货。

理货员在理数的过程中，要做到以下几个方面。

（1）根据委托方的责任界限，正确选定理数岗位。

（2）根据货类和不同的作业方式，采用合理的理数方法。

（3）为防止漏钩和重复计数，理货员记钩数时，要选定一条固定的基准线，如舱口边、船舷边等，作为记钩数的界线。

（4）为防止错点钩内细数，理货员要腿勤、眼勤，清点货物的6个方位，确定每钩内细数准确。

（5）钩数填写计数单。

（6）对同一包装的大宗货，要求工组做到定钩、定量、定型堆码。

2. 理货过程中常见的问题及处理

2.1 溢短

1）溢短的含义

在船舶装卸货物时，装货单和进口舱单是理货的唯一凭证和依据，也是船舶承运货物凭和依据。理货结果就是同装货单和进口舱单进行对照，来确定货物是否溢出或短少。因此，溢短货物就是指：船舶承运的货物，在装货港以装货单数字为准，在卸货港以进口舱数字为准，当理数字比装货单或进口舱单数字溢出时，称为溢（Over）货；短少时，称为短（Short）货。

2）货物溢短的原因

（1）发货人发货数字不准确或发货标志不符。

发货人发货数字不准确是指发货人没有按装货单上载明的数字，将货物如数运送到港口库场或船边，在装船时，理货员又没有发现，以致造成船舶承运货物产生溢出或短少。

（2）港口漏装或错装船。

装货港将整票或部分应装船的货物遗漏未装，将不该装船的货物误装上船，或将不同目的港的货物错装其他目的港的货物中间，均导致船舶承运货物在卸船时产生溢短货物。

（3）装舱混乱或隔票不清。

货物在船上装舱混乱或隔票不清，积载位置与积载图不相符，那么，卸船时，这些货物就有可能被压在其他货物下面而卸不下船或者发现不了应卸船的货物，因而造成这些货物漏卸船，也有可能错卸而混入其他港口的货物，造成假多真少。

（4）船舶运输途中错卸、漏卸、被盗或发生海事。

船舶在中途港装卸货物时，将舱内货物搞混乱，或舱内原装货物隔票不清、积载不当，致使不该卸船的货物卸下船或该卸船的货物没有卸下船，这样不但造成中途港卸船货物产生溢短，而且造成目的港的货物产生溢短。

（5）收货人收货数字不准确

收货人收货数字不准确是指收货人没有按进口舱单或提单上载明的数字在船边收货物，理货人员也没有发现，以致造成船舶承运货物产生溢出或短少。

（6）理货数字不准确

理货人员工作失误造成的货物溢短。

3）溢短货物的处理

船舶承运货物产生溢短的原因很多，情况也较复杂，理货人员在工作中遇到有溢短货物时，可按下列要求处理。

（1）理货人员对出口货物应按装货单数字理数装船，对溢出的货物不能装船。如发货人要求装船，应由发货人办理更改装货单手续后，方可装船。对短少货物，应联系发货人补足装货单数字。发货人无货补足，应将整票货物退关或由发货人办理更改装货单手续。如发货人既不退关，又不更改装货单，理货人员应按理货数字批注装货单。

（2）理货人员对进口货物应按进口舱单数字理数卸船，对溢出或短少的货物应编制货物溢短单；对散件的货物，应尽量折合成原件，如无法折合时，可按短件溢支处理；对无标志或标志不符的货物，按溢卸货物处理；对不同票的相同货物，联系有关单位确认后，可溢短相抵，如仍有溢短，再按溢短货物处理。

（3）理货人员对进口舱单上未列入的货物，如标志完全不符或卸货港非我国港口等不能理数卸船。如船方要求卸船时，应通过其代理人办妥海关手续后，方可卸船。

（4）理货人员对进口舱单上已列入的货物，但目的港、运输标志是属于国内其他港口，可视同本港口货物理货卸船。

2.2　理残

1）理残的含义

理残是理货人员的一项主要工作。其工作内容要是对船舶承运货物在装卸时，检查货物包装或外表是否有异常状况。凡货物包装或外表出现破损、污损、水湿、锈蚀、异常变化现象，可能危及货物的质量或数量，称为残损（Damage）。但木材干裂、货物自然减量等除外。

理货人员为了确保出口货物完整无损，进口货物分清原残和工残，船舶装卸过程中，剔除残损货物，记载原残货物的积载部位、残损情况和数字，称为理残，亦称分残。

图 5-9 残损货物

◎ 知识拓展

原残与工残

1. 原残

发生残损的进口商品，如果是在商品付运前已经存在问题的，称为原残。原残应由发货人承担责任。原残发生的原因包括以下几种。

（1）货物在生产、加工、制造、装配、包装过程中已发生的残损或缺陷。

（2）货物装运前在储运过程中形成的残损。

（3）货物由于包装条件不符合合同约定，或不适合海洋运输条件而造成的残损。

2. 工残

进口货物由于装卸工作引起的残损称工残，应由港务或铁路等装卸部门承担责任。

工残发生的原因包括违章操作，机械失灵，粗暴搬动，装卸不慎，使用工具不当等。例如，搬运工人单纯追求卸货速度或贪图省力，而将货物乱摔乱放，应该用网兜吊货却用绳吊造成货残；绞车失灵，货物下坠碰破，钢丝绳起吊时断裂使货物遭损；装卸搬运不慎货落地撞破，包件货用手钩，造成钩洞残破使货物漏失等。此外，在卸货码头、车站、仓库、场地，由于装卸、搬运、堆放或保管不善，致使货物遭受雨淋、水湿、损坏的，也属于港务或铁路等装卸部门的责任。

2）残损的原因

（1）原残：发生残损的进口商品，如果是在商品付运前已经存在问题的，称为原残。原残应由发货人承担责任。原残发生的原因包括以下几种。

• 货物在生产、加工、制造、装配、包装过程中已发生的残损或缺陷；

• 货物装运前在储运过程中形成的残损；

• 货物由于包装条件不符合合同约定，或不适合海洋运输条件而造成的残损。

（2）工残：进口货物由于装卸工作引起的残损称工残，应由港务或铁路等装卸部门承担责任。

工残发生的原因包括违章操作，机械失灵，粗暴搬动，装卸不慎，使用工具不当等。例如，搬运工人单纯追求卸货速度或贪图省力，而将货物乱摔乱放，应该用网兜吊货却用绳吊造成货残；绞车失灵，货物下坠碰破，钢丝绳起吊时断裂使货物遭损；装卸搬运不慎货落地撞破，包件货用手钩，造成钩洞残破使货物漏失等。此外，在卸货码头、车站、仓库、场地，由于装卸、搬运、堆放或保管不善，致使货物遭受雨淋、水湿、损坏的，也属于港务或铁路等装卸部门的责任。

（3）免责货损：货物在港口期间发生的货损，属于以下原因的，港口不承担责任，但港口要证明货损的原因，也就是说港口有举证的义务。

• 不可抗力；
• 货物本身的自然性质和潜在缺陷；
• 货物自然减量和合理耗损，以及作业委托人确定的重量不准确；
• 包装内在缺陷或包装完整，但内容不符；
• 标记错制、漏制、不清；
• 作业委托人自行照料不当的损失，以及证明不属于港口责任造成的有生动、植物的疾病、死亡、枯萎、减量和易腐货物的变质。
• 非港口责任造成的损失。

3）残损问题的处理

（1）出口货物发生残损，原则上不能装船，应由发货人换装或整修；在舱内发现的残损物，要卸下船。如发货人不换货或整修后不符合出口要求时，理货人员应将货物的外表状况，如实批注在装货单上。

（2）进口货物理残方法有两种，一种是随时发现原残，随时通知船方验看；另一种是集中验看，都要编制现场记录，记载残损货物的数字、积载部位和残损情况，取得船方签字后再卸下船。

（3）进口货物理残时，不要涉及残损货物的致损原因和责任。未经理货人员确认而卸下船的残损货物，原则上按工残处理，除非为不明显的残损，如反钉、干水渍等。对于卸货过程中造成的工残，要取得责任者的签认，如责任者拒不签认时，可将情况记录备查。

（4）货物包装发生轻微残损，但不可能涉及内货质量或数量时，可不作为残损货物处理。

（5）船舶发生海事，所载货物按港口当局意见处理。

▶ **课堂活动 1**

珠海某企业在码头的仓库提货，回到厂区之后，发现部分货物有水渍情况，认为是码头没有尽到保管的责任便向码头方提出索赔。码头在查询了理货公司的现场记录及理货报告之后，认为理货员在现场已明确记录到，货物在卸下时已发现了外表有水渍现象，认为其应向保险公司索赔。请问，该企业应向谁提出索赔？

2.3 隔票

（1）隔票的含义。

隔票是指用隔票材料将同一货种不同收货人的货物或货物形状类似的不同收货人的货物进行有效的隔离，以提高理货工作效率，减少和防止货差事故，加快卸货速度。货物装船时，应对不同卸货港、不同货主、不同提单号的货物做好隔票工作。

（2）隔票的作用。

隔票具有防止货物混票，保护货物质量，便于卸货港卸货和交接的重要作用。该隔票的货物没有进行隔票或隔票不清，就会导致货物混票，其后果有可能危及或损害货物质量，影响卸货和理货工作的正常进行，由此造成船方大量的经济赔偿和增加费用支出。因此，隔票对船方尤为重要。

（3）隔票的方法。

不同港口货物及同港口不同包装货物的隔票方法，详见表5-1。

表5-1 隔票的方法

不同港口货物的隔票	同港口不同包装货物的隔票
• 件杂货可用网络、席子、帆布、木板、纸张等物料进行隔票； • 钢板、钢管、钢材等可用涂料、钢丝绳进行隔票； • 袋、捆包装的货物可用网络、席子、帆布等物料进行隔票； • 桶装货可用木板、草片等物料进行隔票； • 散装货可用席子、帆布等物料进行隔票	• 包装不同的可以采用自然隔票，但每票货物堆积必须集中，以便卸货和理货工作； • 对同港口相同包装的不同票货物必须按票用隔票物料加以隔清； • 有的衬垫同时兼有隔票的作用

2.4 混票

（1）混票的含义。

混票是相对于隔票而言的，就是把不同票的货物装在一起，卸货港不能按票正常卸货，称为混票。不同票的货物之间没有分隔清楚，造成票与票交接处的货物相混，称为隔票不清。隔票不清属于混票范畴，只是混票的程度不同而已。

（2）混票的原因。

造成货物在舱内混票的主要原因是人们对货物装载管理缺乏应有的责任感，缺乏对货物的理化、积载、保管、运输、装卸等方面的知识。其具体表现为装货港未按照船方确定的计划积载图装载或铺垫隔票不当；船方配载不当或未提供适宜、充足的隔票物料；船舶在航行途中遇到自然灾害或意外事故；中途港装卸货物时造成舱内货物混票；卸货港未按操作规程卸货，挑肥拣瘦，挖井留山随意拉动原来的隔票物料，造成舱内货物混票。

（3）混票货物的处理。

卸船时，理货人员发现舱内货物混票或隔票不清，应及时通知船方值班人员验看，并编制现场记录取得船方签认，然后指导装卸工组按票分批起卸。如果卸货时难以分票卸货后派员分票，应向船公司提供分标志单。

2.5　分票

1）分票的意义

分票是理货员的一项基本工作。分票就是依据出口装货单或进口舱单分清货物的主标志和归属，分清混票和隔票不清货物的运输标志和归属。归属就是属于哪一票。

2）分票的作用

（1）分票是理清货物数字的前提条件。

（2）分票是分清残损货物的前提条件。

（3）分票是提高货物运输质量的重要保障。

3）分票的基本要求

（1）装船分票。理货员必须凭装货单，按装货顺序，逐票核对货物上主标志，指导工人按票装舱。要求做到：①按票核对货物上的主标志，保证与装货单上标志相一致。如发现不一致，即使是个别差异，也不能装船，应及时与发货人取得联系，由其决定更改装货单或货物上的主标志，且办理应办的手续，然后才能装船。②按票核对货物上的副标志，如卸货港（目的港）名称，批、件号和重量等。主标志相同，副标志的件号不同，应属两票货物，计数单上要按不同装货单号分别填制。如发现有误，及时联系发货人处理。③对标志模糊不清、脱落，或无标志货物，应及时联系发货人处理，否则不予装船。④必须按票装舱，做到一票一清，票票分隔，防止混装和隔票不清现象发生。

（2）卸船分票。

由于船舶在卸货港将所承运的货物从船上卸下后，要在船边把货物交给收货人或收货人代理。因此，理货人员务必指导工人按票起卸，如数交付。卸船分票过程中常见的情况及处理方法，见表5-2。

表5-2　卸船分票的常见情况及处理方法

常见情况		处理方法
同包装货物	同票	可采取抽查的方法，核对主标志
	不同票	着重检查其主标志的差异部分
不同包装不同票货物		逐件检查它们的主标志
对标志不符、不清或无标志的货物		联系收货人确认可否归入同票货物中，以减少溢短签证。
散件或抽件货物		要尽量归入原票货物中，以减少短件溢支签证

知识拓展

海运货物的运输标志

1. 运输标志的含义

运输标志又称唛头（Shipping Mark），它通常是由一个简单的几何图形和一些英文字母、数字及简单的文字组成，其作用在于使货物在装卸、运输、保管过程中容易被有关人员识别，以防错发错运。

2. 运输标志的分类

目前，在国际贸易中已形成了较为统一和完整的货物标志模式。根据货物标志的地位和作用不同，一般可分为主标志、副标志和指示标志三种。

1）主标志

主标志是货物运输标志的主体，又称发货标志。主标志通常以简单的几何图形（如三角形、圆形、菱形等）配以文字表示，包括收货人名称、贸易合同编号或信用证编号及发货符号。

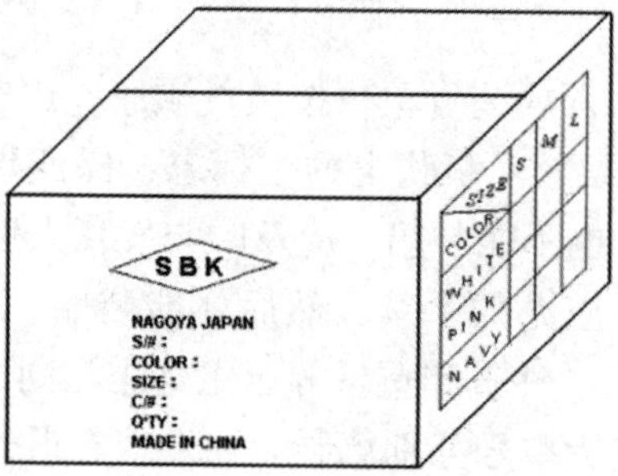

图 5-10　主标志

2）副标志

副标志是主标志的补充，其内容一般包括以下几个方面。

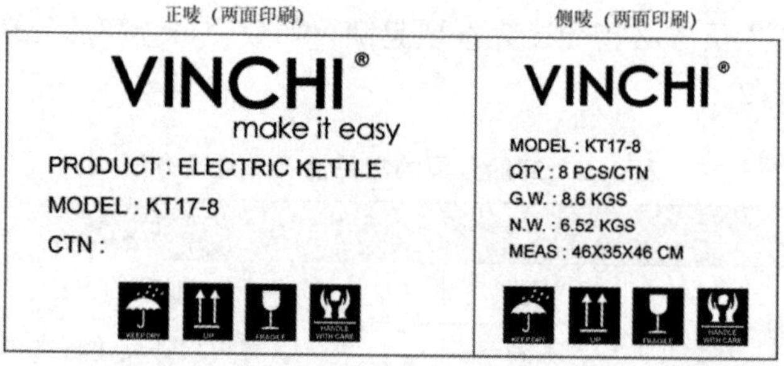

图 5-11　副标志

（1）货名。

货物名称一般指具体标准运输名称，应以英文和生产国家两种文字书写，文字高度不低 5 厘米。

（2）目的港。

目的港需用文字直接写出到达港的全名，不得使用简称、缩写和代号，没有目的港的货物，海关一般不予放行。

（3）件号。

它是将同一主标志中的货物分成若干组，再将每组按顺序在货物或外包装上编印顺序号。件号用来辅助主标志区分货组和计算包件数量。

（4）重量和尺码。

货件尺码指外包装或裸装货件的外形尺寸，重量通常标明总重和净重。货件的重量和尺原产国。

（5）原产国。

原产国一般以英文和生产国文字表示。原产国标志是国际贸易中特殊需要的一种出口标志。对无原产国标志的商品，许多国家规定禁止进口，大多数国家则处以罚款。码是用来计收运费、积载和装卸工作的依据。

3）指示标志

指示标志又称保护标志，根据货物特性提醒有关人员在装卸、保管、开启等过程中应注意的事项，以确保货物质量完整。

图 5-12　指示标志

3. 运输标志的内容

鉴于运输标志的内容差异较大，有的过于繁杂，不适应货运量增加、运输方式变革和电子计算机在运输与单据流转方面应用的需要，因此，联合国欧洲经济委员会简化国际贸易程序工作组，在国际标准化组织和国际货物装卸协调协会的支持下，制定了一项运输标志向各国推荐使用。该标准化运输标志包括以下几个方面。

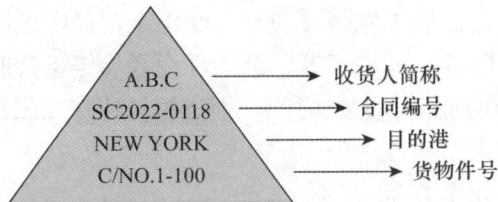

图 5-13　标准运输标志图示

（1）收货人或买方名称的英文缩写字母或简称。

（2）参考号，如运单号、订单号或发票号。

（3）目的地（港）。

（4）件号。至于根据某种需要而须在运输包装上刷写的其他内容，如许可证号等，则不作为运输标志必要的组成部分。

▶ 课堂活动 2 ···

图 5-14 是一出口货物外包装上印制的运输标志，请将序号 1-10 按不同的分类填入横线内。

　　1. 主标志：＿＿＿＿＿＿＿＿＿＿＿＿＿＿＿＿＿＿＿＿＿＿＿＿＿＿

　　2. 副标志：＿＿＿＿＿＿＿＿＿＿＿＿＿＿＿＿＿＿＿＿＿＿＿＿＿＿

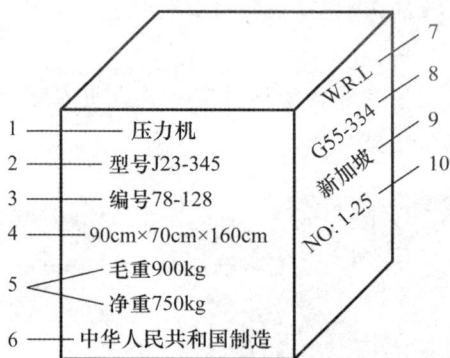

图 5-14　货物外包装标志

2.6　翻舱

翻舱又称捣舱是指对已装在舱内的货物，由于某种原因，进行翻装、重装或移动位置的作业。由于船方原因造成舱内货物翻舱时，理货员应编制现场记录，经船方签字。对出舱翻舱，理货员应按钩数计数，填制计数单一份，在现场记录上写明翻舱货物的单号、件数。对舱内翻舱，在现场记录上写明"舱内翻舱"字样和翻舱作业的起讫时间。

2.7　待工时间

在船舶装卸过程中，由于船方原因（包括：非工人责任造成的船舶吊机故障、舱内打冷气、开关舱、铺垫舱、隔票、拆加固等）造成理货人员停工待时，理货员应在计数单备注栏"待时"后面写明待时原因和起讫时间。理货组长应按工班汇总编制待时记录一式三份，提请船方签字后，提供给船方一份。

在此需注意的有以下几个方面。

（1）各作业舱口同时停工待时，才可计算理货组长的待时时间。

（2）理货人员的待时时间应计算到本装卸工班终了为止。如下一工班需要继续派理货人员时，则待时时间应连续计算到下一工班恢复作业为止。

2.8　非本港货

在理货过程中，如发现非本港标志的进口货物时，理货员应通知单船理货长联系船方处理。如船方要求更改舱单内容时，应通过外代提供书面凭证，视为有效。

2.9 货物安全

如发现按货物配载图积载有可能影响出口货物安全质量时，单船理货长应提请船方调整配载。如装卸指导员要求变更装货顺序时，单船理货长应会同装卸指导员联系船方同意后，方可变更。

2.10 货物更改

如发货人要求更改装货单内容时，应在装货单上加盖船代的更正章，视为有效。

任务三　集装箱理货业务流程

　　20×4 年 4 月 27 日，集装箱货轮 D 轮靠泊上海港 1 号码头准备卸船，接船理货员是赵一。赵一按集装箱理货作业的规范流程，已完成了卸船前的理货准备工作，接下来，就是卸船理箱了。赵一拿着积载图，逐一对集装箱的箱号、箱体及铅封进行检查。检查到其中一个集装箱时，赵一发现该集装箱虽然铅封完好，但顶部有十几个烂洞，经测量，最大的直径有 4 厘米之多。这是赵一第一次碰到这种情况，他该如何处理呢？

▶ 相关知识

　　集装箱理货业务是指根据进出口集装箱舱单或清单，核准箱号，理清箱数，分清集装箱残损，验封及施封。依据理货结果，办理交接、签证手续，向委托方及有关口岸部门提供有关理货单证和电子信息。而集装箱货运分整箱和拼箱两种方式，因此，从理货的角度来看，拼箱货需要理货员关注来自不同收、发货人而又要装进同一集装箱里的货物的数量、质量及运输标志等信息；而整箱货理货员仅需要检查已完成装箱的集装箱其箱体是否完好，箱号是否有误等情况。

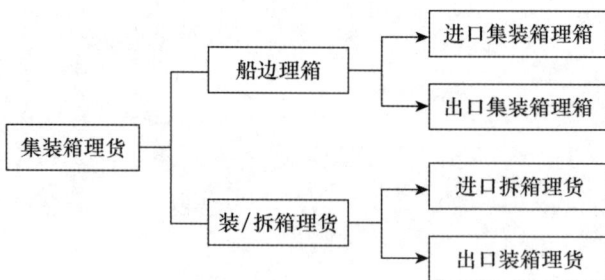

图 5-15　集装箱理货

1. 集装箱基础知识

1.1　集装箱的定义及特征

　　集装箱（Container），是能装载包装或无包装货进行运输，并便于用机械设备进行装卸搬运的一种成组工具。

　　集装箱最大的成功在于其产品的标准化以及由此建立的一整套运输体系。能够让一个载重几十吨的庞然大物实现标准化，并且以此为基础逐步实现全球范围内的船舶、港口、航线、公路、中转站、桥梁、隧道、多式联运相配套的物流系统，这的确堪称人类有史以来创造的伟大奇迹之一。

1.2　集装箱的类型

（1）杂货集装箱（Dry Cargo Container）。

杂货集装箱（图5-16）又称干货箱，是一种通用集装箱，适用范围很大，除需制冷、保温的货物与少数特殊货物（如液体、牲畜、植物等）外，只要在尺寸和重量方面适合用集装箱装运的货物（适箱货），均可用杂货集装箱装运。在结构上，杂货集装箱可分为一端开门、两端开门与侧壁设有侧门三类。杂货集装箱的门均有水密性，可270度开启。这种集装箱占集装箱总数的70%~80%。

（2）开顶集装箱（Open Top Container）。

这是一种特殊的通用集装箱如图5-17，除箱顶可以拆下外，其他结构与通用集装箱类似。开顶集装箱又分"硬顶"和"软顶"两种。"硬顶"是指顶篷用一整块钢板制成；"软顶"是指顶篷用帆布、塑料布制成，以可拆式扩伸弓梁支撑。

图5-16　杂货集装箱

图5-17　开顶集装箱

开顶集装箱主要适用于装载大型货物和重型货物，如钢材，木材，玻璃等。货物可用吊车从箱顶吊入箱内，这样不易损坏货物，可减轻装箱的劳动强度，又便于在箱内把货物固定。

（3）台架式集装箱（Platform Based Container）。

台架式集装箱（如图5-18）箱底较厚，箱底的强度比一般集装箱大，而其内部高度比一般集装箱低。为了把装载的货物系紧，在下侧梁和角柱上设有系环。为了防止运输过程中货物坍塌，在集装箱的两侧还设有立柱或栅栏。台架式集装箱没有水密性，不能装运怕湿的货物。在陆上运输中或在堆场上贮存时，为了不淋湿货物，应有帆布遮盖。台架式集装箱适合于装载长大件和重件货，如重型机械、钢材、钢管、木材、钢锭、机床及各种设备。另外，如还可以用两个以上的板架集装箱并在一起，组成装货平台，用以装载特大件货物。

（4）平台集装箱（Platform Container）。

平台集装箱（如图5-19）指无上部结构、只有底部结构的集装箱。平台集装箱又分为有顶角件和底角件的和只有地角件的而没有顶角件的两种。平台集装箱在欧洲使用得较多。

图 5-18　台架式集装箱

图 5-19　平台集装箱

（5）冷藏集装箱（Reefer Container）。

冷藏集装箱（如图 5-20）指具有制冷或保温功能，可用于运输冷冻货或低温货，如鱼、肉、新鲜水果、蔬菜等食品的集装箱。

此外，还有离合式冷藏箱。离合式冷藏箱是指冷冻机可与集装箱箱体连接或分离的集装箱。实际上，集装箱本体只是一个具有良好隔热层的箱体，在陆上运输时，一般与冷冻机相连；在海上运输时，则与冷冻机分开。箱内冷却靠船上的冷冻机舱制冷，通过冷风管道系统与冷藏箱连接。在集装箱堆场与码头，如配备有集中的冷冻设备和冷风管道系统，离合式冷藏箱也可与冷冻机分开，采用集中供冷形式。

（6）散货集装箱（Bulk Cargo Container）。

散货集装箱（如图 5-21）主要用于装运麦芽、谷物和粒状化学品等。它的外形与杂货集装箱相近，在一端有箱门，同时在顶部有 2~3 个装货口。装货口有圆形和长方形的两种。在箱门的下方还设有两个长方形的卸货口。散货集装箱除端门有水密性以外，箱顶的装货口与端门的卸货口也有很好的水密性，可以有效防止雨水浸入。散货集装箱也可用于装运普通的件杂货。

图 5-20　冷藏集装箱

图 5-21　散货集装箱

（7）罐式集装箱（Tank Container）。

罐式集装箱（如图 5-22）是专门用于装运油类（如动植物油）、酒类、液体食品及液态化学品的集装箱，还可以装运酒精和其他液体危险品。罐状集装箱由罐体和箱体框架两部分构成。箱体框架的尺寸符合国际标准的要求，角柱上也装有国际标准角件，装卸时与国际标准箱相同。

（8）通风集装箱（Ventilated Container）。

通风集装箱（如图5-23）外表与杂货集装箱类似，其区别是在侧壁或端壁上设有4~6个通风口。当船舶驶经温差较大的地域时，通风集装箱可防止由于箱内温度变化造成"结露"和"汗湿"而使货物变质。通风集装箱适于装载水果、蔬菜、食品及其他需要通风、容易"汗湿"变质的货物。如将其通风口关闭，通风集装箱可作为杂货集装箱使用。通风集装箱的通风方式一般采用自然通风，其箱体一般采用双层结构，通风与排露效果较好。

图5-22　罐式集装箱　　　　图5-23　通风集装箱

（9）动物集装箱（Pen Container）。

动物集装箱（如图5-24）是指装运鸡、鸭、鹅等活家禽和牛、马、羊、猪等活家畜用的集装箱。箱顶采用胶合板覆盖，侧面和端面都有金属网制的窗，以便通风。侧壁的下方设有清扫口和排水口，便于清洁。

（10）汽车集装箱（Car Container）。

汽车集装箱（如图5-25）是在简易箱底上装一个钢制框架，一般设有端壁和侧壁，箱底应采用防滑钢板。汽车集装箱有装单层和装双层的两种。由于一般小轿车的高度为1.35~1.45米，如装在8英尺（2 438毫米）高的标准集装箱内，只利用了其箱容的3/5，所以轿车是一种不经济的装箱货。为提高箱容利用率，有一种装双层的汽车集装箱，其高度有两种，一种为10.5英尺（3200mm），另一种12.75英尺（8.5英尺的1.5倍）。所以，汽车集装箱一般不是国际标准集装箱。

（11）服装集装箱（Garment Container）。

服装集装箱（如图5-26）是杂货集装箱的一种变型，是在集装箱内侧梁上装有许多横杆，每根横杆垂下若干绳扣。成衣利用衣架上的钩，直接挂在绳扣上。这种服装装载方法无需包装，节约了大量的包装材料和费用，也省去了包装劳动。这种集装箱和普通杂货集装箱的区别仅在于内侧上梁的强度需略加强。将横杆上的绳扣收起，这类集装箱就能作为普通杂货集装箱使用。

图 5-24　动物集装箱

图 5-25　汽车集装箱

（12）其他用途集装箱（Container for Other Purpose）。

集装箱（如图 5-27）的应用范围越来越广，不但用于装运货物，还广泛被用于其他用途。如"流动电站集装箱""流动舱室集装箱""流动办公室集装箱"。美国已研制成了由若干只 20 英尺集装箱组成的"战地医院"，有几十个床位，配有药房、化验室、手术室、护理室等。

图 5-26　服装集装箱

图 5-27　集装箱办公室

表 5-3　20 英尺集装箱常见箱型代码表

	箱型	对应类型	95 码
20 英尺	干货箱	GP	22G1
	干货高箱	GH（HC，HQ）	25G1
	挂衣	HT	22V1
	开顶箱	OT	22U1
	冷藏箱	RF	22R1
	冷高箱	RH	25R1
	油罐箱	TK	22T1
	框架箱	FR	22P1

1.3　集装箱的装箱方式

根据集装箱货物装箱数量和方式可分为整箱和拼箱两种:

（1）整箱（Full ContainerLoad，简称FCL）。

是指货方自行将货物装满整箱以后，以箱为单位托运的集装箱。这种情况在货主有足够货源装载一个或数个整箱时通常采用，除有些大的货主自己置备有集装箱外，一般都是向承运人或集装箱租赁公司租用一定的集装箱。空箱运到工厂或仓库后，在海关人员的监管下，货主把货装入箱内、加锁、铝封后交承运人并取得站场收据，后凭收据换取提单或运单。

（2）拼箱（Less ThanContainer Load，简称LCL）。

是指承运人（或代理人）接受货主托运的数量不足整箱的小票货运后，根据货类性质和目的地进行分类整理。把去同一目的地的货，集中到一定数量拼装入箱。由于一个箱内有不同货主的货拼装在一起，所以叫拼箱。这种情况在货主托运数量不足装满整箱时采用。拼箱货的分类、整理、集中、装箱（拆箱）、交货等工作均在承运人码头集装箱货运站或内陆集装箱转运站进行。

1.4　集装箱的交接地点和方式

1）集装箱货物的交接地点

货物运输中的交接地点是指根据运输合同，承运人与货方交接货物、划分责任风险和费用的地点。目前，集装箱运输中货物的交接地点有门（双方约定的地点）、集装箱堆场、船边或吊钩或集装箱货运站。

（1）门（Door）。

门指收发货人的工厂、仓库或双方约定收、交集装箱的地点。在多式联运中经常使用。

（2）集装箱堆场（Container Yard，CY）。

集装箱堆场（又简称"场"，如图5-28）是交接和保管空箱和重箱的场所，也是集装箱换装运输工具的场所。

图5-28　集装箱堆场

（3）船边或吊钩（Ships Rail or Hook/Tackle）。

船边或吊钩（简称"钩"）指装货港货卸货港装卸船边或码头集装箱装卸吊具，并以此为界区分运输装卸费用的责任界限。

（4）集装箱货运站（Container Freight Station，CFS）。

集装箱货运站（简称"站"，如图 5-29），是拼箱货交接和保管的场所，也是拼箱货装箱和拆箱的场所。集装箱堆场和集装箱货运站也可以同处于一处。

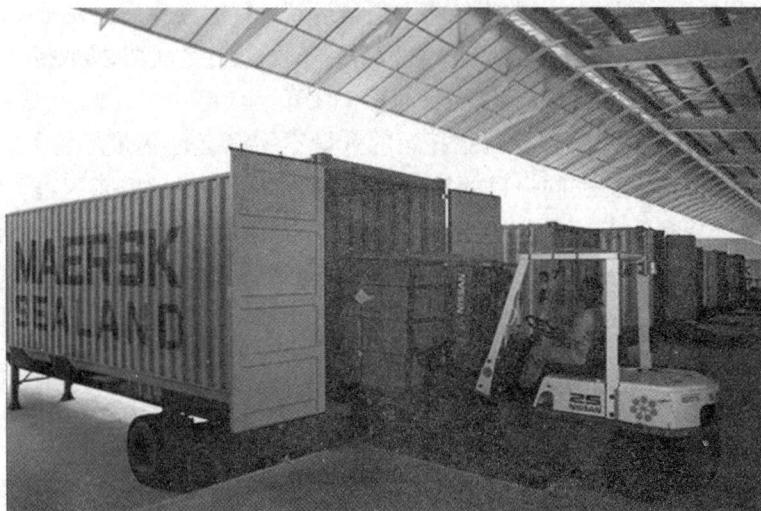

图 5-29 集装箱货运站装箱操作

2）集装箱货物的交接方式

根据集装箱货物的交接地点不同，理论上可以通过排列组合的方法得到集装箱货物的交接方式为 16 种。这里主要介绍常见的 9 种情况。

（1）门到门（Door to Door）交接方式。

门到门交接方式是指运输经营人由发货人的工厂或仓库接收货物，负责将货物运至收货人的工厂或仓库交付。在这种交付方式下，货物的交接形态都是整箱交接。

（2）门到场（Door to CY）交接方式。

门到场交接方式是指运输经营人在发货人的工厂或仓库接收货物，并负责将货物运至卸货港码头堆场或其内陆堆场，在 CY 处向收货人交付。在这种交接方式下，货物也都是整箱交接。

（3）门到站（Door to CFS）交接方式。

门到站交接方式是指运输经营人在发货人的工厂或仓库接收货物，并负责将货物运至卸货港码头的集装箱货运站或其在内陆地区的货运站，经拆箱后向各收货人交付。在这种交接方式下，运输经营人一般是以整箱形态接受货物，以拼箱形态交付货物。

（4）场到门（CY to Door）交接方式。

场到门交接方式是指运输经营人在码头堆场或其内陆堆场接收发货人的货物（整箱货），并负责把货物运至收货人的工厂或仓库向收货人交付（整箱货）。

（5）场到场（CY to CY）交接方式。

场到场交接方式是指运输经营人在装货港的码头堆场或其内陆堆场接受货物（整箱货），并负责运至卸货码头堆场或其内陆堆场，在堆场向收货人交付。

（6）场到站（CY to CFS）交接方式。

场到站交接方式是指运输经营人在装货港的码头堆场或其内陆堆场接受货物（整箱），负责运至卸货港码头集装箱货运站或其在内陆地区的集装箱货运站，一般经拆箱后向收货人交付。

（7）站到门（CFS to Door）交接方式。

站到门交接方式是指运输经营人在装货港码头的集装箱货运站及其内陆的集装箱货运站接受货物（经拼箱后），负责运至收货人的工厂或仓库交付。在这种交接方式下，运输经营人一般是以拼箱形态接受货物，以整箱形态交付货物。

（8）站到场（CFS to CY）交接方式。

站到场的交接方式是指运输经营人在装货港码头或其内陆的集装箱货运站接受货物（经拼箱后），负责运至卸货港码头或其内陆地区的货场交付。在这种方式下货物的交接形态一般也是以拼箱形态接受货物，以整箱形态交付货物。

（9）站到站（CFS to CFS）交接方式。

站到站的交接方式是指运输经营人在装货码头或内陆地区的集装箱货运站接受货物（经拼箱后），负责运至卸货港码头或其内陆地区的集装箱货运站，（经拆箱后）向收货人交付。在这种方式下，货物的交接方式一般都是拼箱交接。

表 5-4　常见的 9 种集装箱交接方式

交接地点	交接方式
门到门（DOOR TO DOOR 或 DOOR/DOOR） 门到场（DOOR TO CY 或 DOOR/CY） 场到门（CY TO DOOR 或 CY/DOOR） 场到场（CY TO CY 或 CY/CY）	整箱货与整箱货的交接（FCL—FCL）
站到门（CFS TO DOOR 或 CFS/DOOR） 站到场（CFS TO CY 或 CFS/CY）	拼箱货与整箱货的交接（LCL—FCL）
门到站（DOOR TO CFS 或 DOOR/CFS） 场到站（CY TO CFS 或 CY/CFS）	整箱货与拼箱货的交接（FCL—LCL）
站到站交接（CFS TO CFS 或 CFS/CFS）	拼箱货与拼箱货的交接（LCL—LCL）

2. 拼箱货理货

2.1　装箱理货业务流程

1）装箱理货前的准备

货物装箱前，向场站索取装箱预配单或其他装箱资料，核对集装箱箱号、检查集装箱箱体是否完好、密封性能、清洁度、地板有无破损、箱内是否潮湿或异味等情况,如有残损或潜在对货物安全的损坏,及时与场站或发货人联系处理。

2)装箱理货业务流程

(1)理货员应核对装箱货物的标志、件数、包装等,进行箱边理货,检查和核对,填制装/拆理货单,与场站办理货物交接手续。

(2)理货员协助和指导工人做好箱内货物的积载工作。

(3)对一些性质不同、不同种类的危险品同装一箱时,根据《国际危规》进行有效隔离。

(4)对实际装箱的货物数量与装箱预配单或其他装箱资料不相符的,按实际理货数字制作装/拆箱理货单。

(5)对装箱集装箱,在货物装箱后,理货人员应施加铅封。

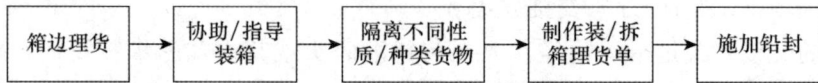

```
┌──────┐   ┌──────┐   ┌────────┐   ┌────────┐   ┌──────┐
│ 箱边理货 │ → │协助/指导│ → │隔离不同性│ → │制作装/拆│ → │ 施加铅封 │
│      │   │ 装箱  │   │质/种类货物│   │箱理货单 │   │      │
└──────┘   └──────┘   └────────┘   └────────┘   └──────┘
```

图 5-30　装箱理货业务流程

2.2　拆箱理货业务流程

1)拆箱理货前的准备

场站索取进口集装箱装箱舱单或提货单,必要时索取装箱单。在理货前,必须确认海关已放行。核对集装箱箱号、检查集装箱箱体是否完好,铅封是否完好,如有残损,及时作好记录。

2)拆箱理货业务流程

(1)理货员应对照相关单证核对箱号、铅封进行理货。核对货物的标志、件数、包装等,理清数字、分清残损,做好记录。

(2)对拼箱货物拆箱理货,理货人员应该作好箱内货物的分票工作。

(3)在拆箱过程中出现的实际货物比进口集装箱舱单(提货单或装箱单)数字有溢短的话,作好相应的溢短记录;有原残的,作好原残记录。

(4)理货结束后,正确编制装/拆箱理货单,注明理货时间,装/拆箱地点,及场站人员的签认。

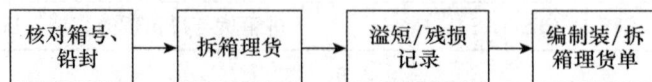

```
┌──────┐   ┌──────┐   ┌──────┐   ┌──────┐
│核对箱号、│ → │ 拆箱理货 │ → │ 溢短/残损│ → │编制装/拆│
│ 铅封  │   │      │   │ 记录  │   │箱理货单 │
└──────┘   └──────┘   └──────┘   └──────┘
```

图 5-31　拆箱理货业务流程

这里要特别提请注意的是,检验铅封时,船方签认铅封断失的集装箱,不论船方是否负责箱内货物,在启封前,理货人员均应到场验封、理货。另外,拆箱单位自启铅封时,箱内货物数字短少或残损,不得编制集装箱货物溢短/残损单,由拆箱单位自行负责。

3. 整箱理货

3.1 进口卸船理箱

1）进口卸船理箱前的准备

（1）资料的准备。

向船公司或者其代理索取进出口集装箱舱单、集装箱积载图、危险品清单、冷藏箱清单等。核对好后通知单船理货长。

（2）派工。

根据预先派工计划，作业前及时与港区的调度联系确认船舶的靠泊时间、地点，派出单船理货员，安排每条作业线的理货员，准备好相关的空白理货单证、相关资料、理货用具等。

（3）了解到港情况。

了解装载情况，商定对残损箱、卸箱时注意事项及空箱的处理办法。

2）进口卸船理箱业务流程

（1）现场理货作业。

理货员根据与舱单核对的积载图理箱，合理堆放，认真核对箱号，检查箱体和铅封是否完好，并在积载图上逐一核销，一个贝位结束填写"单船理货交接记录"，并报理货长。

（2）工班交接。

工班结束后，编制理货单，确认节假日、夜班工作时间。

（3）完船签证。①在全船理箱结束后，单船理货长应根据理箱单和舱单，汇总编制集装箱溢短/残损单，一式六份，经船方签字后，提供船方、海关、船代、集装箱公司、船公司各一份。②制定理货证明书一式三份，提请船方签字。提供船方、船代各一份。③卸船结束后，与船方签证，确认理货结束及理货情况。

3.2 出口装船理箱

1）出口装船理箱前的准备

（1）资料的准备。

通过 EDI 或从港区相关部门取得集装箱预配图、装载清单等，并进行审查，确认无误。如果不符，及时和船公司取得联系，确认更正。

（2）派工。

根据昼夜生产计划，派出单船理货员，布置任务，提出要求，准备好相关的空白理货单证。

（3）索取单证。

单船理货长在作业前应向船公司或其船代索取预配图，核对船舶结构。

（4）了解船舶情况。

了解船舶装载情况，征求船方对特种箱的装载要求。

2）出口装船理箱业务流程

（1）现场理货作业。

理货员根据预配图理箱，认真核对箱号，检查箱体和铅封是否完好，并在装船预配图上逐一标注已装船集装箱的箱号。

（2）完船签证。①在全船理箱结束后，单船理货长应根据理箱单等单证汇总相应数据核对出口集装箱清单数据，检查是否有错装、漏装。②编制理货业务凭证、集装箱溢短/残损单（一式三份，经船方签字后，提供船方、集装箱公司各一份）。③制定出口集装箱积载图一式六份，提请船方签字，提供船方四份、外代一份。④制作理货证明书一式三份，经船方签字后提供船方、船代各一份。

3.3　理货过程中的问题处理

（1）装、拆箱理货过程中的问题及处理。

装、拆箱理货过程中的常见问题及处理详情，见表5-5。

表5-5　装、拆箱理货过程中常见的问题及处理

业务过程	常见问题	处理方法
装箱理货	包装破损或货物残损	更换包装、换货才能装箱，否则发货人确认才能装箱
	装箱货物数量与装箱单不相符	按实际理货数字制作装箱理货单
	装箱的标记与装箱单不一致	不得装箱
拆箱理货	拆箱前发现箱体残损等异常情况	如实记录在"装/拆箱理货单"备注栏内
	拆箱前封志断失或收货人已自行启封	理货员应在"装/拆箱理货单"备注栏内标明
	卸船时船方签认封志断失	更换包装、换货才能装箱，否则发货人确认才能装箱
	装箱货物数量与装箱单不相符	在启封前，理货员应到场验封、理货
	发现货物残损	应分清工、原残，编制相应记录，取得责任方/委托方签认，必要时进行拍照
	箱内货物不能一次拆完，理货员离开工作现场前	对已拆出的货物办理交接手续；对未拆完的集装箱要重新施封，并注明封志号，再次拆箱时应验看封志状态及核对封志号

（2）装、卸船理箱过程中常见的问题及处理。

装、卸船理箱过程中常见的问题及处理详情，见表5-6。

表5-6　装、卸船理箱过程中常见的问题及处理

业务过程	常见问题	处理方法
装船 理箱	不同卸货港集装箱混装问题	不同卸货港集装箱严禁随意混装，如果要对某一贝、列、层集装箱混装，在不影响卸货港卸船作业的情况下，应取得船方或者船公司的指示
	出口集装箱外表残损或铅封断失	理货人员应联系集装箱公司或集装箱单位处理，如不及时处理时，理货员应记载在理箱单上
	出口集装箱加载或退关	应该有港区或者船公司相关的书面通知
卸船理箱	箱号与进口舱单不符	及时与船公司或者其代理联系，确认后方可卸船，对进口舱单没有列明的而是船方坚持卸船的集装箱应按溢短箱处理
	发现进口集装箱外表原残	理货人员应联系船方验看确认，并记载在理箱单上，经船方签字后，提供船方一份
	发现进口集装箱铅封断失	理货员应重新施加铅封，并在理箱单上写明铅封号

任务四　理货单证

　　20×4 年 4 月 28 日，从希望号货轮卸下 4 箱蓝天贸易有限公司的冷冻虾送入 B 港货运站进行拆箱入库，提单号为 LB506789。集装箱号分别为 MORU0719455、MORU0712743、MORU0712614、MORU0713040，各箱货物数量分别为 1052 袋，重量为 26.9 吨；1050 袋，重量为 26.8 吨；1051 袋，重量为 26.9 吨；1052 袋，重量为 26.9 吨。铅封号分别位123864，123879，129875，130589。请结合上述信息，完成理货单（如图 5-32）。

委托号：		客户：					船名航次：			卸货港：		包装类型：		
提单号：		货物名称：					箱属：			作业方式：		日期：		
作业区域	散货车	件数	吨数	原残 补	换 套	工残 补 换 套	提单号	箱号		铅封	件数	总重	仓库 入 出	签字
作业车辆		叉车：		吊车：			铲车：			其他：				
备注：								合计：						

图 5-32　理货单

▶ 相关知识

1. 理货单证的类型

（1）委托书（Application for Tally）。

　　理货委托书是委托方委托理货机构办理理货业务的书面凭证。属于委托性理货业务，用理货委托书；属于强制性的理货业务，则不需要。

（2）计数单（Tally Sheet）。

　　计数单是舱口理货工作使用的主要单据。它是理货员与货物交接方办理货物交接的凭证，是计数字、分标志、记载理货员待时和理货附加费收项目货物件数的原始记录；是编制理货日报表、证明书、货物溢短单及其他理货单证的依据；在装货时是签批收货单实装件数的来源；是卸货时确定提单/舱单数字的唯一原始依据。同时，也是处理因货物溢短而引起的索赔案件时的最原始的单据。

（3）现场记录（On-the-spot Record）。

现场记录是理货员记载货物异常状态和现场情况的原始凭证。记录货物的原残、混票、隔票不清，船方原因造成的待工或困难作业等情况。

（4）日报单（Daily Report）。

日报单是每日向船方报告装、卸货物进度的单证。

（5）待时记录（Stand-by Time Record）。

待时记录是记载由于船方原因造成理货人员停工待时的证明。

（6）货物溢短单（Over-landed / Short-landed Cargo List）。

货物溢短单是记载进口货物实卸件数比舱单所列件数溢出或短少的证明；船方签认后，可作为船、货双方货物交接凭证；是各船舶代理公司向有关港口发出货物查询单的依据；是收货人在货物短少时向船方提出索赔的依据；是船公司受理索赔案的原始单证之一。货物溢短单也是外轮理货单证中重要的单据之一。

（7）货物残损单（Damaged Cargo List）。

货物残损单是记载进口货物原残的证明；是船、港双方对残损货物分清责任和船、货双方对原残货物进行交接的凭证；是收货人向船方对原残货物索赔和商检部门对原残货物进行检验、鉴定和对外出证的重要依据。货物残损单是外轮理货单证中重要的单据之一。

（8）货物分舱单（Cargo Hatch List）。

分港记载每票货物装舱部位的清单。货物分舱单对卸货港指定卸船作业计划、船方掌握舱内卸货进度、理货员指导工人按票卸货等都起着一定的作用。货物分舱单上列明货物的件数、包装或散装以及相应的重量。

（9）分港卸货单（Discharging Report In Separate Ports）。

记载同一票货物在两个港口分卸时，第一个卸货港卸货件数的证明。

（10）货物积载图（Stowage Plan）。

货物积载图是出口货物实际装卸部位示意图。

（11）理货证明书（Tally Certificate）。

船方/委托方确认理货工作的证明。

（12）理货结果汇总证明（Certificate of Summary On Tally）。

理货结果汇总证明是记载全船货物/集装箱经理货（箱）后最终反映全船理货结果的汇总证明，除反映理货结果外，还可对货物的数量、质量及有关情况，在情况说明处加以说明。

（13）集装箱理箱单（tally sheet for containers）。

集装箱理箱单是船舶装卸集装箱时理货员记载箱数的原始凭证，是理货组长编制集装箱溢短/残损单、集装箱积载图、理货业务凭证和理货结果汇总证明的原始依据。

（14）集装箱溢短/残损单（Outturn List for Containers）。

记载集装箱箱数溢短和箱体残损情况的证明。

（15）装/拆箱理货单（Tally Sheet for Stuffing / Devanning）。

装/拆箱理货单是理货员记载集装箱内货物票号、数字和残损情况的原始记录，是编制集装箱货物溢短/残损单的依据。在集装箱出口过程中，是集装箱堆场填制" 装箱单"的参考资料。

（16）集装箱货物溢短/残损单（Outturn List for Containerized Cargo）。

记载集装箱内货物件数溢短和原残情况的凭证。是海关对箱内货物进行监管和有关方进行索赔的重要依据。

（17）集装箱验封/施封记录（Record of Container Sealing/Seal Examining）。

记载集装箱铅封完好情况和重新施封情况的单证。

（18）集装箱积载图（Container Stowage Plan）。

集装箱积载图由三个部分组成，即"排位图"（Bay Plan，记录每个集装箱的箱号、重量、位置、箱型、尺寸等），"综合明细单"（Container Summary）和"总积载图"（General Stowage Plan，是全船总箱位分布图）。

（19）认赔通知单（Notice of Payment）和付款单（Bills of Payment）。

向索赔方承认赔偿和支付赔款的证明。

（20）载驳船装/卸驳船清单（List of Loading/Unloading Lash Lighters）。

记载载驳船数量、装卸子船计数和驳船原残、分残情况的原始凭证。

（21）货物丈量单（List of Cargo Measurement）。

货物丈量单是记录货物尺码的单证，同时也是收取理货费、丈量费的依据之一。

（22）复查单（Rechecking List）。

对原理货经过复查后出具的单证，是复查理货结果的凭证。

（23）更正单（Correction List）。

更正原理货结果的单证。

（24）分标志单（List of Marks Assorting）。

分标志单是对进口混装货物且卸船当时混卸，卸船后分清标志并向船公司提供有关情况的凭证。

（25）查询单（Cargo Tracer）。

向对方调查理货情况的单证。

▶ **课堂活动 3**

以下单证哪些是由理货员负责缮制，那些由理货长负责缮制？请在表5-7相对应的空格内打√。

2222222

22222

表 5-7

单证	理货员	理货长
理货委托书		
计数单		
日报单		
待时记录		
溢短单		
残损单		
分港卸货单		
货物分舱单		
积载图		
理货证明书		

2. 理货单证的缮制要求

2.1 单证填写的原则

（1）理货单证必须如实反映理货结果和记录有关情况。

（2）理货单证上的术语、批注等，要用国际航运上通用的表示方法。

（3）单证上的重量以用公吨单位，体积以立方米为单位，时间以小时和分钟为单位。

（4）理货单证上的库、场、车、驳号按堆存货物的港口库、场编号填写，火车、汽车泊船接运货物，按实际车、驳号填写。

（5）理货单证上的提单后/装货单号按进口舱单或出口装货单上的实际编号填写。如果无编号也应说明。多票货物混卸时，记录实际混票货物提单号。

（6）如实填写货物的主标志，如果没有也应注明。

（7）货名按照进口舱单后出口装货单上的主要货名或实际货名填写。

（8）理货单证上必须有当值理货员的签名。

2.2 几种主要单证的填写方法

1）计数单的填写

（1）进/出：卸货理货时应把"OUTWARD"划掉；装货理货时应把"INWARD"划掉。

（2）编号：填入舱口和工班编号。

（3）船名：用英文或者拼音字母填入全称。

（4）泊位：用英文或者拼音字母填写停靠泊位的名称。

（5）舱别：不同舱别和舱位不能填在同一张计数单内。舱别分 1、2、3……，在每个舱口要分清层次、前、后、左、右部位。例如，1、T、D、A 即为一舱二层柜后部。

（6）库场、车、驳船号：要填明操作过程。

（7）工作起讫时间：两行中，如同年同月同日可填写在两行中间；同一工班组跨年、月、日作业的须分别填写。

（8）提单号、装货单号：卸货用进口舱单号，把"装货单号"划掉；装货用装货单号，把"提单号"划掉。

（9）标志：装货按装货单上的主标志填写，卸货按进口舱单上的主标志填写。

（10）包装：包装指包装式样，一律用英文缩写和英文单数填写。

（11）计数：每个空格填写每钩货物的数量。

（12）总计：只填写计数的总件数，不必填写包装名称。

（13）备注：节假日，非一般货舱，锚地、融化、冻结、粘连货物和海事货物，舱内或出舱翻舱，分标志，待时。

2）现场记录的填写方法

（1）船名、泊位、舱别、编号、工作起讫时间等各栏要求与计数单相同。

（2）提单号、标志、货名：根据进口舱单，填写原残货物的提单号、标志和货名等内容。

（3）件数及包装：填写原残货物的件数和包装式样。

（4）情况说明：填写原残货物的受损情况和程度。

▶ 实训任务五

某件杂货船共 4 个船舱，在 B 港卸下 1、2 号舱位的货物后，又在 B 港装载货物于 3、4 号货舱后离港。各舱装载货物信息如下：

1 号货舱：袋装货物（粮食、糖）

2 号货舱：捆装货物（布匹、纸张）

3 号货舱：桶装货物（汽油、柴油）

4 号货舱：无包装货物（钢材、生铁）

其中，

1 号舱有两袋粮食包装袋出现破损，袋中粮食已散落；

2 号舱发现两捆布匹的卸货港为 C 港；

3 号舱包装完全一样的分属于两个收货人的汽油桶、柴油桶未进行隔票；

4 号舱发现四捆钢材散落并少了两小件。

要求：根据理货过程中问题处理的方法处理以上货舱出现的问题，并完成表 5-8。

表 5-8

舱别	问题描述 (残损/溢短/混票还是?)	处理方法
1 号舱		
2 号舱		
3 号舱		
4 号舱		

《 课 后 练 习 》

一、单选题

1. Tally 是指（　　）。
   A. 理货　　　　　　　　　　　B. 隔票
   C. 分票　　　　　　　　　　　D. 点数

2. 根据船方申请，理货机构与船方建立理货关系的外轮理货行为称为（　　）。
   A. 委托性理货　　　　　　　　B. 服务性理货
   C. 强制性理货　　　　　　　　D. 自愿性理货

3. 我国交通运输部规定，外贸船舶在我国港口装卸计件货物时，实行（　　）。
   A. 委托性理货　　　　　　　　B. 服务性理货
   C. 强制性理货　　　　　　　　D. 自愿性理货

4. 采用一交一接，双边记数的理货方法称为（　　）。
   A. 划数理货法　　　　　　　　B. 点垛交接法
   C. 发筹理货法　　　　　　　　D. 按重理货法

5. 理货过程中，如果发现（　　），理货员应要求装卸工组当班卸清，并编制"（　　）记录"，经责任方签字确认。
   A. 工残、工残　　　　　　　　B. 工残、原残
   C. 原残、工残　　　　　　　　D. 原残、原残

6. 由现场理货员填制的理货单据有（　　　）。

    A. 理货委托书   B. 计数单

    C. 日报单   D. 货物溢短单

7. 理货人员记载货物异常情况和现场状况的原始凭证是（　　　）。

    A. 溢短单   B. 残损单

    C. 日报单   D. 现场记录

8. 对实际装箱的货物数量与装箱预配单货其他资料不相符的，按（　　　）制作装/拆箱理货单。

    A. 实际理货数字   B. 集装箱预配单数字

    C. 其他资料   D. 以上选项都不是

9. 下列（　　　）属于货物副标志的内容。

    A. 信用证编号   B. 货物品名

    C. 贸易合同编号   D. 收货人名称

10. 以下关于卸船分票的基本要求错误的是（　　　）。

    A. 对同包装、同票的货物，可采取抽查的方法，核对主标志

    B. 对同包装、不同票的货物，要着重检查其主标志的差异部分

    C. 对不同包装、不同票的货物，要逐件检查它们的主标志

    D. 对标志不符、不清或无标志的货物，可直接归入同票货物中，以减少溢短签证

二、多选题

1. 在卸货过程中，理货员要完成（　　　）工作。

    A. 凭分标志单进行分票、理数

    B. 处理原残和工残货物

    C. 处理混票货物和附加理货货物

    D. 处理理货与港口库场或收货人及代理人办理货物交接手续

2. 参与理货的人员包括（　　　）。

    A. 理货长   B. 理货员

    C. 业务员   D. 仓管员

3. 隔票方法使用正确的是（　　　）。

    A. 件杂货可用网络、席子、帆布、木板、纸张等物料进行隔票

    B. 钢板、钢管、钢材等可用涂料、钢丝绳进行隔票

    C. 袋、捆包装的货物可用网络、席子、帆布等物料进行隔票

    D. 桶装货可用木板、草片等物料进行隔票

4. 装船分票的基本要求有（　　　）。

    A. 按票核对货物上的主标志，保证与装货单上标志相一致

    B. 按票核对货物上的副标志，如卸货港（目的港）名称，批、件号和重量等

    C. 对标志模糊不清、脱落，或无标志货物，应及时联系发货人处理，否则不予装船

    D. 必须按票装舱，做到一票一清，票票分隔，防止混装和隔票不清的现象发生

5. 下列属于进口集装箱理货注意事项的是（　　　）。

 A. 对油罐箱表皮破损做表皮破损的残损记录

 B. 对没有箱门或只有半边箱门的蔬菜箱也需做残损记录处理

 C. 普通箱在箱体通风口位置贴有胶布不作残损处理

 D. 对铅封施在箱门右侧起第一根锁杆的集装箱作施封不当处理

三、简答题

1. 简述理货的定义及作用。

2. 简述集装箱货物的交接方式。

3. 简述货物溢短的原因。

四、案例分析题

1. "长龙"号货轮在 B 港卸原木时，理货员的"现场记录单"上用 SPLTT（干裂）来记录货物残损情况，这样填制是否合理？为什么？

2. "SUPERSTAR"号货轮在 B 港卸货，因操作不当，B 港货物压于 C 港（下一靠泊港口）之下，须翻舱作业（舱内翻舱）。理货员对翻舱时发现的残损是否需要做记录？做什么记录？

项目六

港口库场管理

学习目标

一、知识目标

1. 掌握港口库场的基本知识
2. 熟悉货物出入库场作业流程
3. 掌握集装箱堆场堆垛规则

二、能力目标

能通过集装箱场箱位编码找到相对应的集装箱

三、素养目标

1. 培养学生的港口库场管理技能，强化港口出入库流程规范化意识
2. 培养学生的规则意识

思维导图

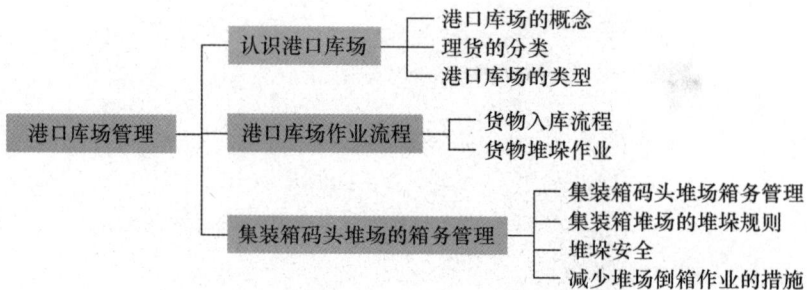

任务一　认识港口库场

任务 引入

王二作为刚入职的港口库场管理员，师傅就问了他以下几个问题：

1. 木材存放在什么样的库场？
2. 硫黄粉末存放在什么样的库场？
3. 桶装植物油存放在什么样的库场？
4. 纸浆存放在什么样的库场？
5. 罐头、药品存放在什么样的库场？

请你了解港口库场的类型及功能后替王二回答上述提问。

▶ 相关知识

1. 港口库场的概念

港口库场是指港口为保证货物换装作业正常进行，防止进、出口货物灭失、损坏而提供的用于储存与保管货物的仓库、堆场、货囤或其他工作物的总称。它是港口极其重要的组成部分之一，也是运输过程不可缺少的重要环节。

港口库场作为港口的重要设施，因此在新建、扩建码头泊位的同时，必须新建、扩建仓库和堆场，保证港口堆存能力和泊位通过能力保持协调一致。

在新建、扩建或改建仓库和堆场时，首要的是港口库场位置必须规划合理，在合理规划库场的位置后，再根据港口进、出口货物的种类，选择仓库的建筑结构和露天堆场的地面条件。只有港口库场的位置安排恰当，才能缩短装卸搬运循环时间，提高港口生产效率和降低港口装卸成本。

图 6-1　港口库场

2. 港口库场的功能

港口库场是为港口货物转装作业正常进行，防止货物灭失、损坏，而提供的用于储存与保管货物的仓库、堆场或货囤。港口库场堆存货物的性质与一般库场是不同的，主要属周转性的而非储存性的。因此，港口库场主要有如下功能。

（1）货物集散功能。

为便于按港口停靠和交付货物顺序卸货，待运货物必须在港口库场按积载图重新组合；为提高货物的为把小批量的货物集聚成足够一个航次的货运量，货物必须在港口库场集中；装卸效率，小件包装货可能需要组成较大的单元，也需在港口库场集中组合。

（2）调节与缓冲功能。

因为到港货物与到港船舶在时间上的非一致性，船货难以做到直接衔接；不同运输工具在技术条件、运行组织及载货量上的差异，有可能出现不协调。这些都需要港口库场在船、货之间及其他运输工具之间，起到调节和缓冲作用。

（3）保管功能。

当货物进入港口库场，库场与交货方办妥交接手续后，就对货物的数量、质量负起责任。为保证库场货物的完整无损，必须针对货物的不同特性将其储存在最合适的库房或堆场，配备必要的设施，采用科学的管理方法，使入库货物处于良好状态。

（4）货运服务功能。

货物种类繁多、性质各异、包装形式多样以及运输条件不同，港口承运后要根据货物的不同理化性质和包装进行配载、积载、成组、装箱（集装箱拼箱）等；有的中转货物需要在港口库场进行灌包、捆包；进口的货物，有的分属多个收货人，必须卸入库场进行分票、点数、拆箱等。此外，对进出口外贸货物，还要在港口库场进行海关的结关业务及检疫等手续。

3. 港口库场的类型

港口库场与一般库场一样，可按保管货物的技术和方法分为仓库、货棚、堆场、水上仓库（囤船）；按堆存货物种类分为综合性库场和专业性库场。除此之外，港口库场还可按库场所处的位置不同，分成码头前沿、前方库场、后方库场、月台库场。具体分法有如下几种。

3.1 按所处位置划分

（1）码头前沿。

指港口装卸船舶的作业场地，设置有船舶装卸设备及车辆道路，有铁路直通的港口还将轨道铺设到码头前沿。严格讲，码头前沿并非港口库场的组成部分，但在装卸船作业中因车辆衔接脱节或船舱内进行辅助作业（绑扎、铺垫、隔票等）时，常常将货物暂时堆放在前沿等待作业。因此，码头前沿成为暂时堆场。

图 6-2　码头前沿堆场

（2）前方库场。

靠近码头前沿的库场称为前方库场。前方库场是用来堆放即将装船的货物、船转船的货物、卸船后短期存放的货物以及不便搬运的重大件货物等。前方库场靠近泊位，装卸船舶极为方便，货物周转率高。

（3）后方库场。

离码头前沿较远的库场，因不便于装卸船作业，所以后方库场用于存放需要在港口存放较长时间的货物。

图 6-3　港口后方库场

（4）月台库场。

有铁路通到港区的港口，都建有装卸车厢的月台，月台的后方则为月台库场。月台库场沿着轨道建设，专用于堆存准备装车的货物以及从列车上卸下需在港口存放一段时间的货物。

3.2　按用途划分

港口库场按用途可分普通库场和专用库场。杂货码头装卸各类货物，堆放这些货物的库场，不配置固定的专用机械设备，便是普通库场，其仓库和堆场分别叫作杂货仓库和杂货堆场。专业化码头装卸特定货物，库场根据货物特点和装卸工艺要求建造构筑物并配置专门的机械设备，便是专用库场，如散粮筒仓、油库、冷藏库、危险品库、煤场、矿石场和木材场等。集装箱码头有宽广的堆场和拆装箱库，供集装箱堆放和一部分零担货物在港区内装箱和拆箱之用。

3.3　按保管技术和方法划分

1）仓库

仓库由贮存物品的库房、运输传送设施（如吊车、电梯、滑梯等）、出入库房的输送管道和设备以及消防设施、管理用房等组成，是保管、储存物品的建筑物和场所的总称。

仓库按所贮存物品的形态可分为贮存固体物品的、液体物品的、气体物品的和粉状物品的仓库；按贮存物品的性质可分为贮存原材料的、半成品的和成品的仓库；按建筑形式可分为单层仓库、多层仓库、圆筒形仓库（如图6-4）。

图6-4　圆筒形仓库

2）货棚

货棚是指用于存放商品的棚子，比库房结构简单，就地取材，建造时间短，但性能差，使用结构年限短。其主要用于存放受自然温湿度影响较小的笨重商品及经得起风雨或日晒的商品。

3）堆场

堆场是办理货物装卸、转运、保管、交接的场所，有集装箱堆场和散货堆场。

（1）集装箱堆场。

集装箱堆场是指在集装箱码头内或码头周边地区，用于交接和保管集装箱的场所。其主要办理整箱货运的交接、存储和保管，编排配载图并办理装卸，有关货运单据的编签，集装箱和运载工具出入及流转的有关单据签发，集装箱的检查、维护、清扫、熏蒸消毒，空箱的收发、储存、保管等业务。

● 前方堆场。集装箱前方堆场是指在集装箱码头前方，为加速船舶装卸作业，暂时堆放集装箱的场地。其作用是当集装箱船到港前，有计划有次序地按积载要求将出口集装箱整齐地集中堆放，卸船时将进口集装箱暂时堆放在码头前方，以加速船舶装卸作业。

● 后方堆场。集装箱后方堆场 集装箱重箱或空箱进行交接、保管和堆存的场所。有些国家对集装箱堆场并不分前方堆场或后方堆场，统称为堆场。集装箱后方堆场是集装箱装卸区的组成部分。是集装箱运输"场到场"交接方式的整箱货办理交接的场所（实际上是在集装箱装卸区"大门口"进行交接的）。

● 空箱堆场。空箱堆场是指专门办理空箱收集、保管、堆存或交接的场地。它是专为集装箱装卸区或转运站堆场不足时才予设立。这种堆场不办理重箱或货物交接。它可以单独经营，也可以由集装箱装卸区在区外另设。有些国家，经营这种空箱堆场，须向航运公会声明。

（2）散货堆场。

散货堆场是指用于堆存散货的专用露天场地，根据所堆存散货的种类不同，地面的结构不完全相同，可以是沙土地面、混凝土地面等，如图 6-5 所示。

图 6-5　散货堆场

● 按照货物种类和性质进行分区分类。这是大多数堆场采用的分类分区方法，就是按货主单位经营货物来分类，把性能互不影响、互不抵触的货物，在同一堆场内划定在同一货区里集中储存。

● 按照货物发往地区进行分区分类。这种方法主要适用于储存期限不长且进出数量较大的中转性质的堆场。其具体做法是，货物按照交通工具划分为公路、铁路、水路，再按到达站、港的线路划分。这种分区分类方法，虽然不分货物种类，但是对于危险品、性能互相抵触的货物，也应该分别存放。

▶ **课堂活动 1**

请对以下常见港口库场的具体功能进行选择：

(1) 前方库场 (   )   (2) 后方库场 (   )   (3) 进口库场 (   )

(4) 出口库场 (   )   (5) 中转库场 (   )   (6) 专业化库场 (   )

A. 专为出口货物装船服务

B. 用于堆放不直接影响装卸船效率的货物

C. 联运换装的主要场地

D. 用于堆存堆存期较短的货物，对于集装箱码头则用于堆存出口箱

E. 主要用于货物种类复杂、量大的港口，如冷藏库、危险品仓库等

F. 转为进口货物积卸船服务

任务二　港口库场作业流程

任务 引入

20×4 年 4 月 15 日，Fiona 轮执行 1550 次航行任务，从印尼载运木浆 2000 捆，4000吨，在 B 港卸船并转运至后方库场存储 4 天，之后运往 100 千米外 S.K 公司的工厂。该批货物于 2022 年 4 月 15 日下午 4 时由理货员赵一理货完成后入库，存放于 A 区 01 号货位，入库单号为 TJ20151212。

请为库场管理员王二完成该批货物的入库作业方案。

▶ 相关知识

港口库场作业包括货物进出库及在库管理，货物出库实际上是一种责任交接及划分，是由库场理货员通过理货程序完成的一个过程。陆路进入库场的货物或使用车提出库场的货物都是在库场进行理货。船舶运进或运出港口的货物，由港、船双方约定，采取现场理货或在库场理货。

1. 货物入库流程

收货准备 ➡ 理货 ➡ 指挥码垛作业 ➡ 善后处理

图 6-6　港口库存货物入库流程图

1）收货准备

港口库场收货准备工作包括以下五个步骤：

（1）根据库场昼夜作业计划或港口作业委托单（入库联）、运单、交接清单等资料，了解入库货物的名称、规格、包装、标志、总数量、收/发货人或流向。

（2）明确货物入库方法、时间和进度安排。

（3）确定货物的堆存货位。确定货位的关键是调配货物，依据堆存计划确定的入库货物进入库场时，首先要指定堆存位置。货位调配不善，可能要重新移动货物到另外的货位，也可能会引起货物品质受损事故。为了最大限度地降低货物在库场的操作次数，保证入库货物品质的完好，调配好货物货位至关重要。调配货物应尽量满足同一运单的货物进入同一货位，大票货物一个货位堆存放不下可安排在最开进的相邻货位。性质互抵或可能互相感染的两种货物，应分别指定有一定距离的两个货位。

（4）与船方商定理货方法。

（5）申请港口调度安排库场作业机械和人员。

2）理货

港口库场理货按照以下步骤进行。

（1）按约定的理货方法，清点、理算货物，做好理货现场记录，收留保管好交接手续。

（2）根据货物资料辨认和确定要接受的货物，认真检查货物状态。

（3）根据要求做好分标志、分规格，分堆码垛。

（4）收入货物，每车要司机签署理货单或入库单。

3）指挥码垛作业

港口指挥码垛作业按照以下四个步骤进行。

（1）确定货垛形状，指挥垫好垛垫，开好垛头。

（2）指挥作业人员做好码垛作业，确保码垛质量。

（3）作业中随时清扫地脚货、散落货并及时归位上垛。

（4）堆场货物及时苫盖。

4）货物入库善后处理

货物入库后，善后处理工作主要有以下几项。

（1）对卸船货物，检查船舱、作业线路、作业设备，防止遗漏。

（2）汇总、统计理货单，与船方核对、相互签单。

（3）填制货垛牌并张挂或做好简易货垛标志。

（4）处理好地脚货和残损货。

（5）将理货单、现场理货记录、车辆交接记录交给交接组，填报货账。

▶ 课堂活动 2

2022 年 4 月 15 日，Fiona 轮执行 1550 次航行任务，从印尼载运木浆 2000 捆，4000 吨，在 B 港卸船并转运至后方库场保存 4 天，之后运往 100 千米外 S. K 公司的工厂。该批货物于 2022 年 4 月 15 日下午 4 时由理货员赵一理货完成后入库，存放于 A 区 01 号货位，入库单号为 TJ20151212。请根据上述资料简述货物入库流程。

2. 货物堆垛作业

2.1 货垛的基本要求

货垛是为便于保管、装卸、运输，按一定要求堆放在一起的一批物品。货物进入港口库场，一般都要码垛，货垛堆放要稳固、整齐、留出必要的理货间隔和五距（墙距、柱距、灯距、顶距、垛距）；严禁超载堆码，即不许货垛重量超过仓库地面的堆存技术定额，码高层数以不压坏底层货物及包装为原则；要求运输标志朝向货垛外，标志箭头向上的不允许倒置等。堆码完毕后，要在货垛前悬挂货垛牌（或称桩脚牌），并注明运单号码、件数和重量、承运船舶的船名、航次等，以便识别和查核；而露天堆放的货物有的还要苫盖。

正确的货物码垛和苫盖，不仅可以保证货物安全、便于点数，而且还能提高库场面积的利用率，保持良好的文明生产环境。库场货物码垛必须遵照以下标准和要求。

(1) 码垛要整齐牢固、成行成线，做到标准化。

(2) 货物定量上垛，成组货物能点清关数，不成组货物能点清件数。

(3) 按单堆码，标志朝外，箭头朝上。

(4) 重货不压轻货，木箱不压纸箱，残损货物另堆。

(5) 露天堆放的怕湿货物，要垫盖良好，不露不漏，捆绑牢固。

(6) 堆垛不超过库场的荷重定额，留出通道和其他必要的距离。

2.2 货垛的形状和大小

2.2.1 垛型及其大小

1) 垛型及其标准化

垛形是依据货物类别、数量、包装特性、库场条件、作业需要来确定。货垛的大小则要根据货量、货位大小来确定。为了规范管理、便于理货和确保库场作业质量，对各种货物的货垛作出标准化规定，包括选用堆垛方法、堆垛形式、堆垛质量，以及数量要求等。图 6-7 至图 6-10 为常见的标准化垛型。

(1) 平台垛。

平台垛是先在底层以同一个方向平铺摆放一层货物，然后垂直继续向上堆积，每层货物的件数、方向相同，垛顶呈平面，垛形呈长方体，可用于仓库内和无需遮盖的堆场放的货物码垛，该垛形适用于同一包装规格整份批量货物，如包装规则、能够垂直叠放的方形箱装货物，大袋货物，规则的软成组货物，托盘成组货物等。平台垛具有整齐、便于清点、占地面积小、方便堆垛操作的优点。但其稳定性不强，特别是硬包装、小包装的货物有货垛端头倒塌的危险，所以在必要时要在两端采取一定的加固措施。

图 6-7 平台垛

(2) 行列垛。

行列垛将每批货物按行或列的方式进行排放，每行或列有一层或数层高，垛形呈长条形。行列垛适用于批量小的货物的码垛，如零担货物。为了避免混货，每批货物单独码放。长条形的货垛使每个货垛的端头都延伸到信道边，作业方便且不受其他阻挡。但每垛货量较少，垛与垛之间都需留空，垛基小而不能堆高，因此需占用较大的库场面积，库场利用率较低。

图 6-8　行列垛

（3）梯形垛。

梯形垛是在最底层以同一方向排放货物的基础上，向上逐层同方向减数压缝堆码，垛顶呈平面，整个货垛呈下大上小的立体梯形形状。梯形垛适用于包装松软的袋装货物和上层面非平面而无法垂直叠码的货物的堆码，如横放的卷形桶装、捆包货物。该垛形极为稳固，可以堆放得较高，充分发挥仓容利用率。对于在露天堆放的货物采用立体梯形垛，为了排水需要可以起脊变形。

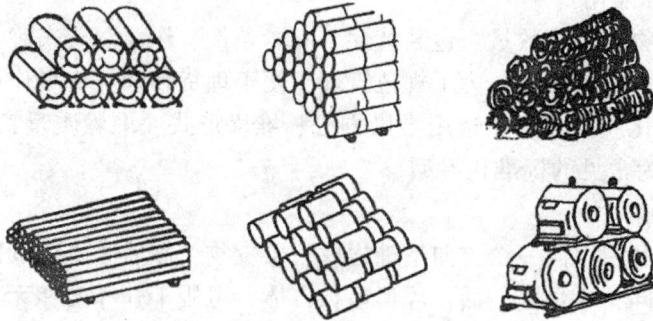

图 6-9　梯形垛

（4）井形垛。

井形垛用于长形的钢管、钢材及木方的堆码。它是在一个方向铺放一层货物后，以垂直方向进行第二层的码放，货物横竖隔层交错逐层堆放。垛顶呈平面。井形垛垛形稳固，但每垛边上的货物可能滚落，需要捆绑或者收进。井形垛不方便作业，需要不断改变作业方向。

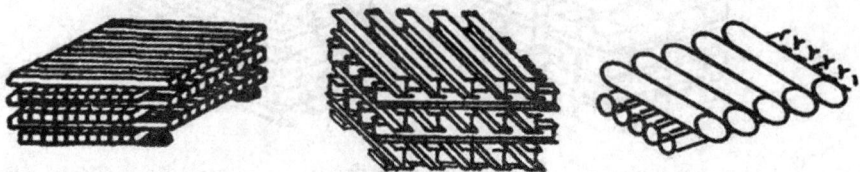

图 6-10　井形垛

2）货垛大小

（1）货垛高度。

货垛大小首先要确定货垛高度，根据库场单位面积的技术定额、货物的单件重量及货物包装允许堆放的层数确定库场面积使用定额（二者分别换算后，取其中最小者），再根据面积使用定额和货物底部面积确定货物高度。

(2) 货垛的长度和宽度。

货垛延伸到通道方向的尺寸称为长度，与通道平行方向的尺寸称为宽度。为了防止货围货现象，每一货垛都要延伸到作业通道。因此，对于只有一端与通道相连的货位，其长度就是货位的长度，货垛的大小只是确定垛型的宽度。对于两端都与通道相连的货位，可以先按货位的宽度确定货垛宽度，再根据货物量确定货垛长度。

(3) 垛型大小的表示。

垛型的大小以货垛底部的长、宽和货垛的高度来表示。除散装货物外，为了操作的明确，件杂货货垛长、宽、高的计量单位均以货物作业单位表示，长、宽、高的数量以货物件数表示。例如，桶装货垛以桶为单位，如垛长 20 桶、垛宽 12 桶、垛高 7 桶；成组垛以关（成组）为单位，如 3 关（盘）宽、6 关（盘）高，每个货关（成组）的货物件数用"货关件数"表示；散装货物则以度量单位表示，如长 20 米、宽 10 米、高 5 米。

3) 货垛牌

(1) 货垛牌及其内容。

货垛牌是库场内为货垛做的标签，记载的信息主要有货位号、货物名称、规格、标志、数量、运单号码、载运船名、航次、入库日期、收货人等有关信息，是区别货物的重要文件。货垛牌格式如图 6-11 所示。

货垛牌示意图

货位:			货　　垛　　牌				
船名			航次		到验		
收货日期			运单号 入库单号				
标志			规格				
货名			原件数				

入　　库			件数	累计数	破损情况	工组	收货人
月	日	时					

			出　　库				

出　　库			件数	累计数	破损情况	工组	收货人
月	日	时					

图 6-11　货垛牌示意图

(2) 货垛牌的填制。

货垛牌是在货物进入场堆垛完毕，管理员检查合格后，由库场管理员（理货员）填制货垛牌一式两份，并张挂或摆放在货垛两端的显眼位置。

▶ 课堂活动 3 --

20×4 年 4 月 15 日，Fiona 轮执行 1550 次航行任务，从印尼载运木浆 2000 捆，4000 吨，在 B 港卸船并转运至后方库场保存 4 天，之后运往 100 千米外 S.K 公司的工厂。

该批货物于 2022 年 4 月 15 日下午 4 时由理货员赵一理货完成后入库，存放于 A 区 01 号货位，入库单号为 TJ20151212。请根据上述内容填制货垛牌。

4）码垛的注意事项

码垛人员按堆码标准进行堆码，要求码垛人员将货物堆放稳固、整齐，留出必要的理货间隔和五距（墙距、柱距、灯距、顶距、垛距）；严禁码垛人员超载堆码，即不许货垛重量超过仓库地面的堆存技术定额，码高层数以不压坏底层货物及包装为原则；要求运输标志朝向货垛外，标志箭头向上的不允许倒置等。堆码完毕后，要在货垛前悬挂货垛牌（或称桩脚牌），并注明运单号码、件数和重量、承运船舶的船名、航次等，以便识别和查核。

2.4 货垛的苫盖与衬垫

苫垫是对货垛苫盖和垫垛的统称，是库场货物码垛和保管中防止货物损坏的重要措施。除了矿石、原木等天然产品和部分密封桶装货物外，堆场堆放的货物都要采取相应的苫垫措施，防止货物受风雨和日晒以及地面积水或潮气的危害。

仓库内堆存的货物则根据需要采取相应的苫垫措施，防止货物受损。

1）垫垛

垫垛是在货垛底部使用衬垫物料进行铺垫，然后在衬垫物上堆放货物，使货物不直接接触地面的措施（如图 6-12）。常见的衬垫物有废钢轨、钢板、枕木、木板、水泥墩、垫石、货板架、油毡、帆布、芦席、塑料薄膜等。

2）苫盖

苫盖是指对货垛的表面进行遮盖的货物保管措施。其目的是防止雨水湿损货物和避免尘埃污货、减少日晒的危害（如图 6-13）。苫盖所用的材料通常是防水、耐用的材料，如塑料薄膜、防水布等。根据具体需求，选择合适的材料进行苫盖。

图 6-12 垫垛

图 6-13 苫盖

3）货物出库流程

港口库场货物出库主要包括以下十个步骤。

（1）核查提货单或装船计划，掌握货物出库数量和进度。

（2）确定提货货位，通知调度安排作业机械和人员。

（3）对出库装船货物，与船方理货员商定理货方法。

（4）作业前确认货物，收起货垛牌。

（5）点算出库货物，指挥出库作业，根据出库数量控制作业进度。

（6）填写理货单，与对方互签单证。

（7）市提货物每车签发放行条（出门证）。

（8）作业完毕，指挥清扫、收集地脚货，并安排随货同行；检查作业线路。

（9）货垛未提完的，应填写货垛牌并张挂。

（10）汇总理货记录与对方核对，填写报表、货账、交接单等，将资料交给核算员、交接组。

任务三 集装箱码头堆场的箱务管理

B港码头堆场A区供出口集装箱堆存的示意图如图6-14所示，每格子代表可以堆存40英尺集装箱（或2个20英尺集装箱）的箱位，其中格子里的数字表示目前堆存的高度（以集装箱的个数为单位）。

廖师傅让王二按"场箱位"编码规则对A箱区进行重新编码。

王二有些疑惑，"场箱位"编码是什么？该如何编制？

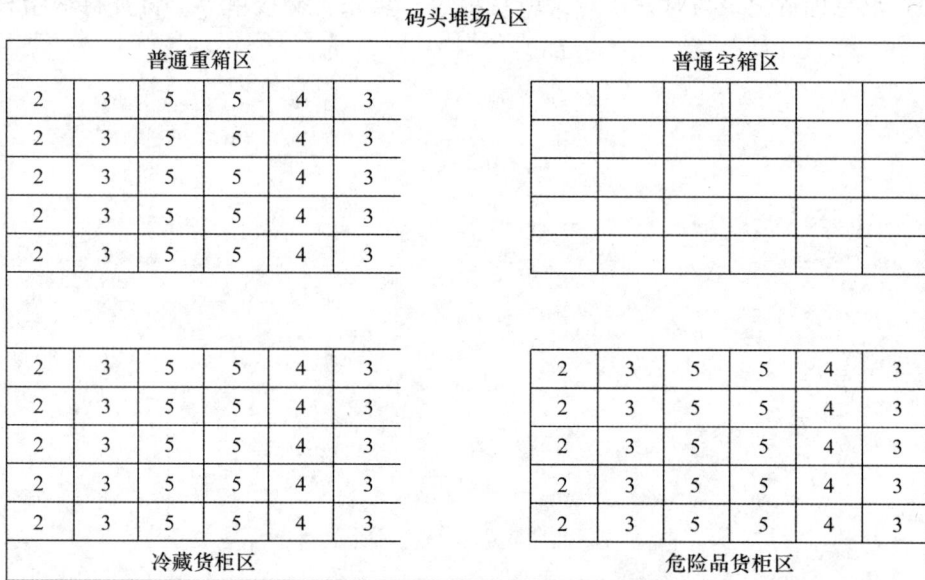

码头堆场A区

普通重箱区							普通空箱区					
2	3	5	5	4	3							
2	3	5	5	4	3							
2	3	5	5	4	3							
2	3	5	5	4	3							
2	3	5	5	4	3							
2	3	5	5	4	3		2	3	5	5	4	3
2	3	5	5	4	3		2	3	5	5	4	3
2	3	5	5	4	3		2	3	5	5	4	3
2	3	5	5	4	3		2	3	5	5	4	3
2	3	5	5	4	3		2	3	5	5	4	3
冷藏货柜区							危险品货柜区					

图6-14 B港码头堆场A区示意图

1 集装箱码头堆场箱务管理

集装箱码头堆场箱务管理是码头生产的一个重要环节。码头要保证船舶如期开航，就必须提高码头装卸速度，而装卸速度的提高很大程度上取决于码头堆场箱区、箱位安排的合理性。合理安排箱区和箱位，不仅能降低翻箱率，减少桥吊等箱时间，提高码头装卸速度，而且还能最大限度地提高码头堆场利用率、码头通过能力，降低码头生产成本。因此，本任务主要对集装箱码头堆场的箱区的编码方式、箱区的分类、箱区的安排、堆场整理相关知识及技能进行学习及掌握。

1.1 空箱管理

（1）空箱进场管理。

对于进口空箱，理货员在卸船时检查验收，并安排进入计划的场地；而对于出口空箱，出口空箱通过检查桥进场。在得到船公司的出口计划时，该计划应该包括所装空箱的船名航次、数量、箱型、计划进港时间、船舶预计抵港时间、目的港，如有中转港也应注明、安排驳箱进港的公司或车队名称。根据上述信息合理安排场地。进场时，检查桥审核EIR，检查箱况，将箱子安排到计划的出口箱区。

（2）空箱出场管理。

对于本地或中转出口装船的空箱，所有装船的空箱按船公司计划配载装船-理货员在船边确认装船。对中转的空箱，船公司会有不同的安排，根据本地和其他港口的用箱情况、可以安排本地出口用箱，船公司会安排车队驳空箱；也可以安排装船到其他不同的港口。在得到船公司的计划后，明确所出口箱的箱主、船名、航次、尺寸类型、数量等，将堆场里的空箱进行合理分配。分配时同一情况下的安排应尽量选择堆放区域集中的集装箱，且最好不要有翻箱。箱主提空箱出场时，检查桥根据箱主签发的设备交接单进行放箱。

1.2 冷藏箱管理

1）进口冷藏重箱

首先，在船舶卸船前，堆场计划将冷藏和信息及时通知冷藏箱场地工班，卸船时安排专门的冷藏箱箱区。其次，船边理货员在卸船前先检查制冷温度和箱体状况，发现异常应会同船方；同时，堆场控制员在堆场坚持箱体情况时，如有异常应通知船舶理货员，如箱体正常，则进计划内的场地，接通电源；最后冷藏箱出场时应提前切断电源，堆场员收妥电线与插头，指挥吊机司机装车。

2）出口冷藏重箱

（1）出口冷藏重箱在进检查桥时，即必须对冷藏集装箱进行严格检查，箱况、箱号、冷冻机、控制箱外表、PTI 标贴、商检合格标贴、巡查记录表温度与装箱单温度要求一致，如果发现问题，不得安排入场，待问题解决后，再安排进场，将箱子放到指定的箱位。

（2）集卡车到指定箱位后，接通电源，确认冷冻机工作正常后再将箱子吊下放到指定的箱位。如果冷冻机工作不正常应拒绝接收或者根据客户的指示安排合理的修理。

（3）进场后，定期对冷藏箱的温度、冷冻机工作状态进行巡查，并作记录。

（4）装船时，应提前切断电源，收妥电线和插头，指挥吊机司机装车。

1.3 危险品箱管理

危险货物集装箱是指箱内装有《国际危规》中列明的危险品货物之日起，直到该集装箱拆箱、清洗妥当为止的集装箱。

（1）危险品货物的确认。

凡经码头进出的危险货物（除国际危规中列明第6、第8类非冷冻危险货物外），货主，船公司或其代理事先都须向港方申报，获得同意后船方才能承运。办理《船舶载运危险品集装箱安全适运申报单》，批准后方可装卸船.

（2）危险货物集装箱交接。

危险货物集装箱卸船前，码头理货员仔细检查箱体、铅封和箱体四周张贴与箱内货物相应的危险品标志，并仔细核对箱号，发现不符或异常，通知船方并记录。出口危险货物集装箱在进入码头时，承运人需持港监签署的《集装箱装运危险货物装箱证明书》。检查桥工作人员仔细检查箱体、铅封和箱体四周张贴与箱内货物相应的危险品标志，如有不符应拒绝接收。

（3）危险货物集装箱的装卸。

每个港口的规定和情况有所不同，比如有些港口对装有《国际危规》中列明1类、2类、7类及冷冻危险品的集装箱必须采用车—船、船—车直取直装方式，对装有《国际危规》中列明的3类、4.2类、4.3类、5.1类及5.2类的集装箱尽量采取直取直装方式。

（4）危险货物集装箱的储存。

危险货物集装箱堆垛根据危险货物的不同，一般只许堆两层，并根据《国际危规》的隔离要求对不同性质的危险货物进行有效的隔离。危险货物集装箱堆放在专用的危险品箱区，应设有隔离栏和喷淋装置，在高温季节对一些可喷淋的危险货物集装箱喷淋降温。

1.4 特种箱管理

特种箱是指用于装载有超高、超宽、超长及超重货物的平板式集装箱、台架式集装箱（框架箱、开顶箱）。

（1）进出口特种箱。

在经得操作部策划组配载确认予以卸船的进口特种箱，船公司或其代理必须在船舶靠泊前24小时将有关特种箱信息通知操作部策划组配载，如船公司或其代理安排外平板车的，还需将运输车辆的单位、车号、联系方式等通知策划组配载。由策划组配载联系其他组别进行作业安排。

（2）特种箱中转。

部分特种箱允许中转，但船公司或其代理必须在一程船靠泊前24小时将有关信息通知给控制策划组。部分特种箱原则上不予中转、倒箱或溢卸。特殊情况按操作部指令进行。

2. 集装箱堆场的堆垛规则

集装箱码头堆场堆垛的基本规则就是保证集装箱堆放安全，减少翻箱率。装卸工艺不同、集装箱的尺寸不同、集装箱内装载的货种不同，其堆垛规则均不相同。下面主要介绍轮胎吊作业的"场箱位"编码。

2.1 按"场箱位"编码的堆垛规则

集装箱码头堆场中，每一个存放集装箱的物理位置称为"场箱位"，每一个场箱位都要用一组代码唯一表示。场箱位是组成集装箱堆场的最小单元。场箱位号包含箱区号block NO.、位号bay NO.、排号row NO.、层号tier NO.。

（1）"箱区"编码。

"箱区"编码有两种，一种用英文字母表示，由一个或两个字母组成；另一种用数字表示，一般由两位数字组成，第一位表示码头的泊位号，第二位表示堆场从海侧到陆侧后方堆场的顺序号。国内码头普遍采用一位字母或两位数字作为箱区的编码。

（2）"位"的编码。

一个箱区有若干个位组成。"位"的编码用两位数字表示，由于一个 40 英尺箱占用 2 个 20 英尺箱的位置，因此，一般用奇数表示 20 英尺箱的"位"，偶数表示 40 英尺或 45 英尺箱的"位"。

（3）"层"和"排"的编码。

"层"和"排"各用一位数字表示。因此，集装箱的箱位一般由"五位"或"六位"表示。例如，"A 01 1 1"表示该箱在 A 箱区 01 位第一排第一层；"21 01 1 1"则表示 21 箱区 01 位第一排第一层。

▶ **课堂活动 4** ┄┄┄┄┄┄┄┄┄┄┄┄┄┄┄┄┄┄┄┄┄┄┄┄┄┄┄┄┄┄┄┄┄┄┄┄┄┄

观察下图，假设集装箱所在箱区编码为 B，请编写图 6-15 中 3 个集装箱的场箱位编码。

A 箱：_____

B 箱：_____

C 箱：_____

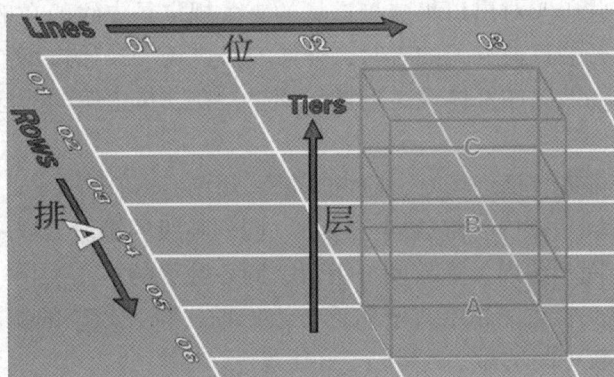

图 6-15　集装箱堆"场箱区"示意图

2.2　按箱型状态分类的堆垛规则

集装箱堆场是由多个箱区组合而成，而箱区的划分依据是集装箱的状态。

1）箱区的分类

集装箱堆场是由多个箱区组合而成，每块箱区都有其专门名称。

（1）按进出口业务可分为进口箱区、出口箱区和中转箱区。

（2）按集装箱种类可分为普通箱区和特种箱区，特种箱务包括温控箱区（在堆场的边沿设有电源插座的地方）、危险品箱区（一般在码头最前沿）、超限箱区、残损箱区。

（3）按箱子状态可分为空箱区和重箱区。其中，出口重箱区在前方堆场，进口重箱区在后方堆场，空箱区则在后方堆场的边沿或最后。

（4）按装卸工艺可分为龙门吊箱区、正面吊箱区和堆高机箱区。

2）箱区规划

箱区规划是堆场计划的基础，首先要根据港区堆场箱区分布于使用情况、码头装卸效率、到港船舶密度、船舶运量大小、进出口箱量比例、空重箱堆存比例等情况，对港区堆场进行总体规划，并根据进口箱量与空重箱量的变化对港区堆场进行调整，利用计算机系统实行堆场有效管理，使港区堆场得到充分利用。箱区规划的原则有以下几个方面。

（1）重、空箱分开堆放。

（2）20英尺、40英尺和45英尺集装箱分开堆放。

（3）冷藏箱、危险品箱、特种重箱应堆放在相应专用箱区。

（4）进口箱与出口箱分开堆放。

（5）中转箱按海关指定的中转箱区堆放。

（6）出口重箱按装船要求分港、分吨级堆放。

（7）空箱按不同持箱人、不同的尺码、不同的箱型分开堆放，污箱、坏箱分开堆放。

（8）重箱按堆场载荷要求堆放。

3）出口箱区的堆垛规则

不同的港口码头对出口集装箱进场的要求是不一样的，因此要根据港口码头的实力和堆场的大小而定。有些码头对出口集装箱进场的有关规定是支线船在船舶开装日前四天的零时，干线船在船舶开装日前五天的零时，开始安排进场。开始进场前，必须安排箱区进行堆放。需要安排进场的船舶都体现在近期计划里，在安排进箱同时应有具体的进箱时间及危险品进箱时间。

在计划箱区和安排集装箱进场时，应考虑以下几点。

（1）按排堆放。同一排内，堆放同一港口、同一吨级的箱。

（2）按位堆放。同一位内，堆放同一港口、同一吨级的箱。

（3）在同一位中，较重的箱堆放于靠近车道的前二排，较轻的箱堆放在最里面两排，中间等级的箱堆放于较中间的排。

（4）对于船型较大的船舶，要考虑多路作业安排场地，对于同一港口数量较多且有多路作业的，也要考虑多路作业安排场地。在多条路进箱时，有两种方式可选择：根据集卡的车号判别交替进箱，如第一辆车进A区，则第二辆车进B区，依次类推，先进完A区，然后再进B区。

（5）多路作业的（干线船），在规划定文的租义的箱区分散堆放。

（6）一路或两路装船作业的（支线服线船），堆场尽量集中堆放。

（7）干线船的出口箱位置按几个箱区轮流依次逐个位置安排进箱，一般是在一个位置进箱完后，再安排下一个箱区位置；在堆场位置宽松的条件下，也可按照交替进箱的方式；在某种集装箱集中进场时也应按照交替进箱的方式。

（8）提前进场箱与延迟进场箱进场均是在计划外的操作。须在受理中心约后方能进场。

（9）延迟进场箱若为本航次加载箱。可安排至本航次出口箱区，与其他本航次已放行的出口箱合并放在一起；若非本航次出口箱，则安排至该航线出口箱区即可，注意要与本航次出口的集装箱分开堆放。

4）进口箱区的堆垛规则

在收到进口的集装箱清单和详细的摘要后，进行堆场安排。进口摘要中，必须含类别、尺寸类型、箱主、危险品空重温控箱等属性。

在安排进口空箱位置时，堆场计划员应根据不同船名、航次、空重箱、箱子尺寸类型、危险品、冷藏箱等不同的类型分开堆放，并考虑具体的卸船箱量及场地的已堆存情况进行安排。

（1）空、重箱分开堆放。

（2）空箱按箱主、类型尺寸分开堆放。

（3）冷藏箱、危险品、超限箱、残损箱进专用箱区堆放。

（4）需插电的温控重箱、危险品箱区最高堆放三层。

（5）货物超限（超长宽高）的框架式、平台式或开顶箱，堆放加上层高度，且箱货与箱货之间的间距最少保持在50厘米。

（6）罐状集装箱禁止堆在靠近车道的一列。

安排场地时尽量考虑船舶靠港的船期先后、泊位、作业路数．场地已有作业机械，卸入箱的疏港情况等，并根据实际情况及时进行调整。对于中转箱，可以按中转类别安排堆场，也可以按工作点和箱主来安排堆场。

▶ 课堂活动5

根据图6-16集装箱堆场示意图，找出前方堆场和冷藏箱区，并阐明如此布局的理由。

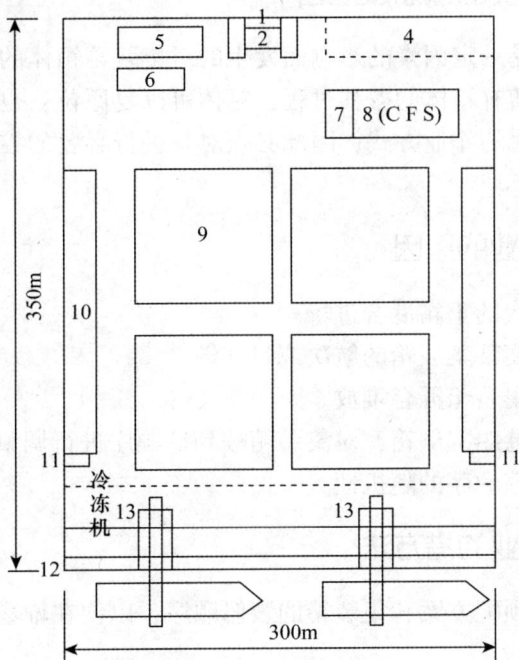

图6-16　集装箱堆场示意图

2.3　箱区的长度、宽度及堆高

箱区长度一般与泊位长度相对应，宽度则应视轮台吊的跨度而定。目前我国绝大部分集装箱码头采用的是装卸桥轮胎式龙门吊装卸工艺流程，一般轮胎龙门吊的跨度为23.47米，这样箱区的排数就是6排加一条集卡通道。

3. 堆垛安全

堆箱层数视轮胎龙门吊的类型而定，堆三过四的轮胎吊，一般堆三层，最高限度堆四层；堆四过五的轮胎吊，一般堆四层，最高限度堆五层。

堆三过四的轮胎龙门吊箱区，第6排应比其他排少堆一层。若是堆四过五的轮胎龙门吊箱区，则第6排应堆二层高，第5排应堆三层高。如图6-17所示。这些空位可作翻箱位用。集装箱进场选位时，应充分考虑堆放的安全系数，相邻排孤立的层高之差不大于3。

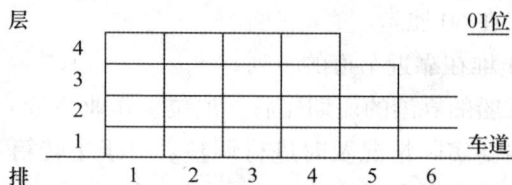

图6-17　"堆四过五"轮胎式龙门吊箱区示意图

4. 减少堆场倒箱作业的措施

4.1　堆场倒箱作业的概念及危害

堆场倒箱作业是指受一定因素的影响而发生的对集装箱箱体的进行重新堆码或放置的作业。倒箱作业往往伴随有箱体的搬移过程，箱体可以复原位，也可以不复原位，这是一种浪费人力、物力、财力的作业方式，因此必须对其进行必要的控制，这种控制也是堆场管理的重要内容。

4.2　产生倒箱作业的原因

（1）不同船名、航次的重箱混合进场。
（2）船公司临时改变某集装箱的航次或目的港。
（3）不同重量级的集装箱混合堆放。
（4）为防止中途挂港船上倒箱，对集装箱按到港顺序进行调整时。
（5）收货人提取重箱顺序的随机性。

4.3　减少倒箱作业的措方法

（1）预测船公司的预配方案和集装箱的装船顺序，以便在堆场中划定区域同目的港的集装箱。

（2）将重点港与终点港的集装箱放在不同场地，因为重点港的箱量较大，装箱要先装船。

（3）待装船特种箱分开堆放，因危险箱和高箱一般装在船舶甲板上，需后装船。

（4）同一箱区尽量堆放同一船名、航次的待装集装箱。

（5）对卸船箱区进行不定期的箱区整理，以便同一船名、航次的卸船箱集中的箱区。

▶ **实训任务六**

某港口集装箱堆场有普通集装箱 50 个，冷藏集装箱 100 个，危险品集装箱 20 个，这些集装箱分别属于 3 个不同的货主，如何堆码这些集装箱？为什么？

《课后练习》

一、单选题

1. 一个标准的集装箱的尺寸是（　　）。
   A. 20　　　　　B. 40　　　　　C. 35　　　　　D. 45
2. 集装箱码头堆场堆垛的基本规则是（　　）。
   A. 保证集装箱堆放效率　　　　　B. 减少翻箱率
   C. 方便查找　　　　　　　　　　D. 便于装卸
3. 组成集装箱的最小单元是（　　）。
   A. 场箱位　　　B. 箱区　　　C. 位　　　D. 排
4. 货物入库程序正确的顺序是（　　）。
   ①收货准备　②理货　③指挥码垛作业　④货物入库善后处理
   A. ①②③④　　B. ①③②④　　C. ④①③②　　D. ③④①②
5. 列关于箱区的说法错误的是（　　）。
   A. "箱区"编码有 2 种
   B. 一种用英文表示，有一个字母组成
   C. 一种用数字表示
   D. 国内码头普遍采用以为字母或两位数字作为箱区的编码
6. 集装箱存储的物理位置是（　　）。
   A. 贝　　　B. 堆存区　　　C. 堆场　　　D. 箱区
7. 进口箱进场安排方式可以选择（　　）。
   A. 按排堆放
   B. 按位堆放
   C. 同一位中相同的提单号，可选不同一排
   D. 一个位结束后，再另选一个位

8. 不属于集装箱堆场产生倒箱的原因（　　　）。

    A. 不同船名、航次的重箱混合进场

    B. 船公司临时改变某集装箱的航次或目的港

    C. 不同重量级的集装箱混合堆放

    D. 收货人提取重箱顺序按计划执行

9. 为便于按港口停靠和交付货物的顺序卸货，待运货物必须在港口库场按积载图重新组合，以上体现了港口库场的（　　　）功能。

    A. 货物集散   B. 调节与缓冲

    C. 保管   D. 货运服务

10. 某集装箱在 A 箱区 01 位第一排第一层，其场箱位的编码应为（　　　）。

    A. A 01 1 1   B. A 01 1 01   C. A 1 1 1   D. A 01 01 1

二、多项选择题

1. 港口库场按用途可分为（　　　）。

    A. 普通库场   B. 专用库场   C. 月台库场   D. 码头前沿

2. 港口库场按保管货物的技术和方法可分为（　　　）。

    A. 仓库   B. 货棚   C. 堆场   D. 囤船

3. 集装箱堆场产生倒箱的原因（　　　）。

    A. 不同船名、航次的重箱混合进场

    B. 船公司临时改变某集装箱的航次或目的港

    C. 不同重量级的集装箱混合堆放

    D. 收货人提取重箱顺序的随机选

4. 关于集装箱后方堆场说法正确的是（　　　）。

    A. 当集装箱船到港前，有计划、有次序地按积载要求将出口集装箱整齐地集中堆放

    B. 卸船时将进口集装箱暂时堆放在码头前方，以加速船舶装卸作业

    C. 是集装箱运输"场到场"交接方式的整箱货办理交接的场所

    D. 是集装箱装/卸区的组成部分

5. 港口库场按用途可分为（　　　）。

    A. 普通库场   B. 专用库场

    C. 月台库场   D. 码头前沿

三、简答题

    1. 木材存放在什么库场？木材库场的保管条件有哪些？

    2. 请简述港口库场的定义及分类。

    3. 请简述箱区规划的原则。

    4. 请简述减少倒箱作业的措方法。

四、论述题

    "集装箱自动化堆场"是由上海国际港务（集团）股份有限公司担纲，振华港机和上

海交大共同参与的上海市重大科技攻关项目。该项目 2004 年 6 月正式启动，2005 年底进行试生产。据悉，自动化堆场是国际港口信息化技术中最顶尖的"竞赛项目"之一。目前，德国、新加坡、日本、荷兰等国家的多个码头都在该技术上铆足了劲。

这个项目主要包括一个自动化的集装箱智能无人堆场、2 条高效双小车 RMG（轨道式门式起重机）集装箱全自动装卸堆放线以及一个现代港口集装箱物流智能化、数字化管理平台。

装载着集装箱的卡车只要在码头智能道口停靠，道口的车号和箱号识别系统立即会把有关信息传输到 2 千米外的码头作业中央控制室。数字化智能堆场数据管理和任务协调系统，立即将指定的卸箱位置打印出来。司机只需按照小票上的地址，把车开到目的地停下，一架 17 米高的无人驾驶轨道式龙门吊会立即开过来，将集装箱轻轻抓起，平移卸在中转平台上；这时，一架高达 34 米多的无人驾驶龙门吊过来，迅速地将集装箱吊起，跨过堆场，准确地堆放在指定位置上。

这个智能化无人堆场码头中有多项创新技术，其中高低龙门吊接力装卸的工艺属世界首创，将目前的"堆 4 过 5"，提高到"堆 8 过 9"，也就是说，垂直码放 8 个集装箱后，第 9 个箱子能从上面通过，这比目前国际上的平均水平几乎翻了一番。而现代港口集装箱物流智能化、数字化管理平台，可使港口集装箱综合作业效率提高 5%~8%。

请结合案例信息，谈谈现代化信息技术的广泛推广及应用，对港口库场发展的意义。

参 考 文 献

[1] 杨清，覃惠芳，吴砚峰 . 现代港口物流管理实务 [M].青岛：中国海洋大学出版社，
    2013.

[2] 王斌义 . 港口物流 [M].北京：机械工业出版社，2020.

[3] 谈晓焱，王永文 . 港口物流管理 [M].北京：中国工业出版社，2016.

[4] 王任祥 . 现代港口物流管理 [M].上海：同济大学出版社，2007.

[5] 宋德驰 . 中国港口与运输实务 [M].北京：人民交通出版社，2010.

[6] 宋蓓华，真虹 . 港口装卸工艺学 [M].北京：人民交通出版社，2003.

[7] 武德春，武晓 . 港航商务管理 [M].北京：机械工艺出版社，2009.

[8] 孙建平 . 港口发展与经济增长的时空协调关系研究 [D].大连海事大学，2018.

[9] 陈航 . 港城互动的理论与实证研究 [D].大连海事大学，2009.

[10] 温文华 . 港口与城市协同发展机理研究 [D].大连海事大学，2011.

[11] 徐立山. 论港口在现代物流中的地位和作用 [J].商场现代化，2011，(05)：67-68